14歳で“おっちゃん”と出会ってから、

15年考えつづけてやっと見つけた

「働く意味」

川口加奈

ダイヤモンド社

はじめに

誰もが何度でも、やり直せる社会をつくりたい――。

私は、14歳の頃からそう思いつづけ、かれこれ15年、活動をしている。

プレゼンの出だしでそう言うたび、多くの方から「すばらしい」という反応をいただいてきた。

ただ残念ながら、そんな好意的な反応は、「誰もが」の中に「ホームレスのおっちゃんたち」が含まれているとわかるまで、ということも少なくない。

――ホームレスになってしまうのは、自己責任でしょ。

――働きたくなくて、怠けているだけなんじゃないの?

――より好みしなければ、仕事なんてすぐ見つかるよ。

「家がない」人――私は親しみを込めて、「おっちゃん」とずっと呼んでいる――のことをそう言うのは簡単だし、深く知る前は自分もそんなふうに思っていた。

14歳の私がしてしまった残酷な質問

今考えるととんでもない話だが、初めて炊き出しに参加した14歳の私は、元ホームレスのおっちゃんに直接こう質問したことがある（第1章を参照）。

「なんで、ホームレスになったんですか？　勉強していたら、がんばっていたらホームレスにならなかったんじゃないんですか？」

おっちゃんの答えは、私の想像を超えていた。

「わしの家は、田舎でな。貧乏やった。ずーっと畑仕事させられたわ。勉強机なんてもんなかったで。高校はもちろん行かせてもらえんで、中学出たらすぐに働きに釜ヶ崎（大阪市西成区）に働きにやってきたんや。（中略）でも、馬車馬のように働いて、こき使われてきたのに、50歳を過ぎたあたりで急に使ってもらえなくなったんや。やっぱり肉体仕事やから、若いやつが優先的に雇ってもらえる。中学出てからずっと日雇いしかしてきていないわしらに、今さら他の仕事なんてできへん。それであっという間にホームレスや」

おっちゃんは、「怠惰で仕事を長く続けられない人」だったのではない。選択肢のある環境にいなかっただけなんじゃないか。そうして、あるひとつの「問い」が、私の心に芽生えた。

——そもそも、なぜホームレスのおっちゃんたちには「やり直す」チャンスがまったく用意されていないんだろう。

これまで出会った方の中には、些細なことがきっかけとなり、ホームレス状態に陥っている人も多かった。そういう人をゼロにすることは、確かに難しいかもしれない。しかし逆に言えば、世の中にやり直すための選択肢がたくさん存在し、脱出するための「道」として機能していれば、ホームレス問題は解決できるのではないか。

誰であれ、失敗しても再挑戦できる仕組みが社会にあれば、この問題は「問題」じゃなくなるはず。

そう勝手に思い込んだことで、かれこれ15年もこの大きな問題に対して、一歩ずつ、一歩ずつチャレンジしていくことになったのだ。

2つの社会課題を同時に解く
ビジネスモデルはどう生まれたか

14歳、中学2年生でこの問題と出合い、19歳で認定NPO法人Homedoor（ホームドア）を立ち上げた。

課題解決のために、最も大事にしているのが、現場や当事者の声だ。

彼ら彼女らはどういう経緯でホームレス状態に陥り、本当に必要としているのはなんなのか。

それを見極め、夜回りでの声かけから、シェルターの運営、相談の受付、仕事の提供、金銭管理のサポート、そして最終的には就職し、家を借りて路上脱出するところまで、いろんな状況に対応できるようなメニューを用意している（これをホームドアでは「6つのチャレンジ」と呼んでいる。第4章を参照）。

この中で最も特徴的なのは、仕事の提供だ。ホームレスとなったおっちゃんたちのほとんどは、「働きたい」と口にする。住居がないために働き口が見つけられないだけで、意欲は高い。だからといって、どんな仕事でもいいのだろうか。

おっちゃんにも得意・不得意があるはずだ。

じゃあ、おっちゃんの得意なことはなんだろう。

ホームドアで行っている自主事業でもあるシェアサイクルサービス「HUBchari（ハブチャリ）」は、そんな私の問いにおっちゃんが答えた「わし、自転車なおす（修理する）くらいやったらできるで」のひと言から生まれた。

「シェアサイクルを始めて、そのメンテナンスをおっちゃんたちにしてもらう。そうすれば、放置自転車もなくなるのでは」と発想したのだ。

現在は株式会社ドコモ・バイクシェアと提携して200か所以上のポートで使用できる「ハブチャリ」は、放置自転車とホームレス問題という2つの社会課題を同時に解決するビジネスモデルをつくったとして、後に日経WOMAN「ウーマン・オブ・ザ・イヤー2019」「30 UNDER 30 JAPAN」（フォーブス誌による日本を変える30歳未満の30人）などの賞をいただいた。

だが、私にとっては、おっちゃんたちの得意を活かす、尊厳を大切にする事業にできたことが何よりも嬉しい。

他にもさまざまな選択肢を用意し、最終的には「民間でつくるセーフティネット」を構築し、全国的なモデルケースとなることを目指している。

10代、女性、外国人——誰もが陥る問題として

ここ数年、ホームレス問題に変化の兆しが見られる。

長らく愛称として使っている「おっちゃん」という言葉ではくくれないくらい、相談者の属性が多様化しているのだ。

虐待されて家に帰れなくなった10代。

DV被害で家を飛び出さざるを得なくなった女性。

職を失い、帰国することもできなくなった外国人労働者。

他にもさまざまな要因で「家を失って」しまう。特に、私と同い年の女性が相談に来たときには、本当に考えさせられた。

「仕事を探したいけれど、履歴書に書く住所がなくて仕事を見つけられなかったんです。家を借りようと思っても、お金がなくて」

所持金が32円で、自転車で4時間かけてホームドアまで来てくれた彼女の言葉に、同い年でも生まれる境遇が違うだけで、これほどまでに生きづらくなってしまうのかと思わざるを得なかった。

この負の連鎖を早く止めるには、やはり「誰もが何度でも、やり直せる社会」をつくる必要がある。

雇用は流動化し、あらゆることが不確実になった現代では、誰もがふとした瞬間に転落してしまう可能性を持っている。

もしそうなっても、再挑戦が簡単にできるようなセーフティネットがあれば、日本社会全体にも活力をもたらすに違いない。

ホームドアを巣立ち、イキイキと働く人たちの表情を見ていると、そんなふうに確信している。

「安心して失敗できる社会」をつくる

本書は、ホームレス問題という大きすぎる問題に直面した私が、苦しみ、もがき、あがいてきたおっちゃんとの15年を振り返ったものだ。

夜回りでビビったり、学生起業したものの仲間を失ったり、おっちゃんとの間にいろんな事件が起こったりと、私自身もまた、何度も失敗しては、その都度いろんな方の支えがあって——時にはおっちゃんに飲み屋で慰められて——再挑戦を繰り返してきた。

「とりあえず、あそこに行けばなんとかなる。たったひとつでもそんな場所があれば、この問題は解決できるかもしれない」

今は、10代の頃に思い描いた夢に少しは近づいたのかな、と思う。

この本が、挑戦に躊躇する人たちの支えになり、それにより世の中に新しい選択肢が生まれてくることを祈って。

2020年7月

川口加奈

目次

第1部 自分の「働く意味」を見つける

第1章

ホームレス問題との出合い
——14歳の気づき

第2章

課題の根っこをつかむ
――高校生で描いた「夢」

第2部 みんなの「働く意味」を見つける

第5章 初めての雇用、初めての仲間 ―― 支えるつもりが支えられて

第6章 おっちゃんとの日々——当事者に生まれた変化

第7章 すべての人に「居場所」を——6つのチャレンジで選択肢を増やす

第8章 夢の施設「アンドセンター」――安心して失敗できる社会をつくる

本文中に【＊1】【＊2】……としたものは、
各章末のCOLUMNに解説があることを示す

第1部

自分の「働く意味」を見つける

第1章

ホームレス問題との出合い

——14歳の気づき

14歳でホームレス問題に出合った

「なぁ、見て見て！　あそこ、ホームレス、めっちゃ並んでる！」

中学校からの帰り道。一緒に電車通学をしていた友達に言われ、急いで窓から外をのぞく。すると、ホームレスの人たちがきちんと整列し、何かをもらっている様子が見えた。

しかし、電車はすぐに進んで、わからなくなった。一瞬だったけれども、初めて見る光景に、当時14歳の私の頭の中には「？」が並ぶ。

——なんの列だろう。

——なんであんなに「ホームレス」いるんだろう。

——日本って豊かな国なのに、どうしてホームレスになるんだろう。

次々に湧き起こる疑問。これは身近なオトナに聞くしかないと、帰って真っ先に母親に聞いた。

「新今宮駅の周り、めっちゃホームレスおったんやけど、なんで？」

「新今宮？　あそこは危ないから近づいたらあかん！」
「なんで？　なんで危ないの？」
「なんでも！」

そう言われるとますます気になるのが思春期。
オトナが教えてくれないなら、自分で調べるしかない。

当時は、インターネットが普及しはじめた頃。家に1台しかないパソコンに向かい、「ピーガラガラ　ピーガラガラ」という耳障りなネット接続の音が鳴り響くなか、調べてみた。検索窓には、「新今宮」と。駅の乗降客数ばかりが検索結果に出てくるなか、ひときわ目をひくサイトを発見した。

「地図に載っていない街『釜ヶ崎』」

——え、何それ？
——地図に載っていないってどういうこと？

もちろん、そのサイトへのリンクをクリックした。

日雇い労働の街「釜ヶ崎」が、なぜホームレスの街に？

いろいろと情報が出てきたけれど、当時の私は14歳。まだよくわからなかった。

――日雇い労働の街『釜ヶ崎』【＊1】？

――そもそも、日雇い労働って何？

よくわからないなりに、とりあえず理解できたのは、新今宮駅周辺は、日雇い労働者が仕事を求めて多く集まるエリアだということと、日雇い労働とは工事現場などで働く、とても大変な仕事だということ。工事現場は雨が降ったら休みになるし、景気が悪くなったら工事はなくなるから、正社員を雇っていては採算が合わない。結果、その日の朝になってから天気や仕事の受注量に応じて何人雇うか決めて、日雇い労働者を釜ヶ崎に雇いに行き、夕方に解雇する、「日雇い」という形態が生まれた。不安定な仕事ゆえに、ホームレスになりやすい。だから、バブル崩壊後、日雇い労働の街「釜ヶ崎」は、ホームレスの街になったのだと。

なんとなく成り立ちがわかったところで、さらにウェブで検索していくと、ある記事を見つけた。

「マザー・テレサ、釜ヶ崎訪問」

——え？　あの伝記マンガで読んだ、マザー・テレサが私の通学路へ？

ミーハーな私は、ますます興味が湧く。

するとまた、あるサイトにたどり着いた。

どうやら、釜ヶ崎で活動している団体が、「炊き出し」のボランティアを募集しているようだ。

――この炊き出しとやらに行ってみたら何かわかるんじゃないか？　よし、百聞は一見にしかず。炊き出しに行ってみよう。

ただの好奇心ではあったが、ボランティアだし、いいことをしに行くんだから、行ってみて損はないはず。そんな言い訳を考えながら申し込んだ。今から思えば、いくら知りたかったからとはいえ、よくこんな決断をしたなと我ながら思う。

炊き出しに参加するため、初めて〝現場〟へ

初めてのボランティア、初めての炊き出し。

――どんなことするんだろう？

ワクワクとドキドキが入り交じった気持ちを抱え、炊き出しがある日曜日の朝を迎えた。当時、バスケ部に入っていた私は、母親に「バスケの試合に行ってくる」と言い、バスケットシューズとユニフォームを手に炊き出しに出かけた。嬉しいことに、釜ヶ崎の最寄り

駅である新今宮駅は、私の通学路なので定期券で気軽に行けた。

いつもは電車で通るだけだった新今宮駅。この日初めて、改札を出て階段を下りた。その瞬間、正直、戸惑った。なぜなら、釜ヶ崎の道を行く人たちはほとんどが男性で、建物は昭和レトロなビルやホテルばかり。何より当時は小便くさかった。道端で寝ている人もあちらこちらにいる。その日は冬の寒い日だったので、「死んでないんかな？」と今思えば失礼なことを考えながら、歩いていった。日本にこんなところがあったのか。そんな印象だった。

当時の車窓から見えた釜ヶ崎の風景。
ブルーシートの家が並ぶ

見渡しても自分と同じ年齢くらいの女の子は、ひとりもいない。それもあってか、道端で座り込んでいるおっちゃんたちがこっちをじっと見ているような視線を感じて居心地が悪くなり、早歩きで炊き出し会場に向かった。しかし、そこは初めての土地。当時はスマホもマップアプリもない。「場所もわからないし、や

釜ヶ崎の象徴的建物「あいりん労働福祉センター」

っぱり行くのをやめようかな」。早くも炊き出しに来たことを後悔しはじめていた私の頭に、そんな考えがよぎる。

ただ、ドタキャンするのもよくないとぎりぎりのところで思い直し、家のプリンターで印刷してきた会場までのマップをもう一度見返した。すると、道端に座り込んでいるコワモテのおっちゃんが立ち上がってこっちに向かってくるではないか。どうしよう、逃げようか。そんなことを悩んでいると、おっちゃんが声をかけてきた。

「何しに来たん？」

ちょっときつめの関西弁。

——怒られてるんかな？

——やっぱり来たらあかんとこやったんかな？

ビクビクしながら、恐る恐る炊き出しに来たことを説明。すると、「どこの団体や？」と聞かれた。私が参加を申し込んだ団体名を告げると、「よっしゃ、おっちゃんが案内したろ」とおっちゃんは歩き出した。はぐれまいと、無言でおっちゃんのあとを必死についていく。会場に到着するまでの約10分間、気まずくて仕方なかった。

到着すると、「着いたで。がんばってや〜」と言って、おっちゃんは軽快に去っていった。「なんかおっちゃんって優しいな。思っていたより怖くない」——そんな印象だった。

無事に到着してしまったからには仕方ない。意を決して団体の事務所に入ると、炊きたてのご飯の香りが立ち込めていた。10畳くらいの決して広くはない土間の真ん中に大きな作業台。そこには、梅干しや海苔がところ狭しと並べられていた。

代表者だという小柄な女性から、説明を受けているうちに、続々と10人ほどのボランティアが集まってきて、いよいよおにぎりをつくりはじめた。流れ作業で、ご飯をカップによそう係、ご飯の上につぶした梅干しを置く係、手に水と塩をつけておにぎりに成形する係、海苔をつける係、ラップに包む係に分かれることとなった。

私の担当は、成形する係。驚いたのは、素手で握ること。ラップでおにぎりを握ると、ふっくらしないし、ラップがもったいないという。ただそうは言われても、炊きたてのお米は、熱いのなんの。手のひらを火傷しちゃうんじゃないかと思いながらも、黙々と握った。

おにぎりづくりは、水と塩加減が難しい。特に水が少ないと、手のひらにいっぱい米粒がついてしまうし、水が多いとべちょっとしてしまう。代表の人から指導を受けながら握ってみるも、そう簡単にうまくはいかない。好奇心だけで参加した中途半端な気持ちの私は、すぐに心が折れておにぎりづくりが雑になってきた。

それに気づいたのだろう。代表の方から、

「このお米は新潟から、この梅干しは和歌山から届けてくださった方がいるのよ。その届けてくださった方の思いも込めて握ってください」

と言われた。正直、何に対しても斜に構えているタイプの中学生だった私は、「思いを込めてつくったって、味なんて変わらへん」と心の中でつぶやいていた。

「ボランティア＝いいこと」、じゃない⁉

握っている最中、窓から会場となる公園を見ると、炊き出し開始までまだ3時間はあるというのに、すでにホームレスの人の行列ができているのがわかった。

「あ、これだ。私が車窓から見たやつ！」

ついに、あの現場に来たことに少し興奮した。でも、間近で見ると、おっちゃんたちの顔は悲愴感が漂っていた。

「こんな寒いなかで3時間も待って、おにぎり1個？　え、私なら3時間もここで待つくらいならバイトでもして、３００円の牛丼食べるのに【＊2】……ってことは、それくらい仕事がないってことなんかなぁ？　でも、求人情報誌にはいっぱい求人載っているのに……」

そんなことを考えているうちに、５００個近くのおにぎりができ上がった。「これ、どうやって渡すんだろう、足りるんかな？」と思っていたら、代表の方からこう言われた。

「ここに並んでいるおっちゃんたちは、おにぎりがもらえるか、もらえないか、わからないなかで並んでいます。もしもらえなかったら、今日は何も食べずに過ごす人だっています。『よかった〜、今日のメシにありつける』、そう思った瞬間、あなたのような孫みたいな年齢の子どもから、命の綱であるおにぎりを受け取る。その気持ちを考えて、声をかけて渡してあげてください」

とたんに私は混乱した。どうやって声をかければいいんだろう。考えても考えてもわからなかった。「ボランティア＝いいこと」と思っていた私は、自分が渡すことで相手が不快な気持ちになるかもしれない、そんな可能性すら考えていなかったことに恥ずかしさを感じた。

「がんばっていたらホームレスにならなかったんじゃないんですか？」

正直、代表の方には口が裂けても言えなかったが、当時の私はホームレスになるのはその人が悪いからだとも思っていた。

「たくさん勉強したら、いい中学校、いい高校、いい大学に行けるし、そしたらいい会社に勤められて、そのままがんばっていれば定年を迎えて年金だってもらえる。そんな日本で、ホームレスになんてなりようがないじゃないか。その人ががんばればよかっただけの話じゃないの?」

内心ではそう思っていた。たださすがに、そう思いながらおにぎりを渡すのはよくないなと思った私は、迫りくる炊き出し開始を前に、炊き出しを手伝っていた元ホームレスだというおっちゃんに、こっそり聞いた。

「なんで、ホームレスになったんですか? 勉強していたら、がんばっていたらホームレスにならなかったんじゃないんですか?」

今思うと、なんとも失礼な直球の質問だが、なりふり構ってはいられなかった。そんな私の質問にも、おっちゃんは優しく答えてくれた。

「わしの家には、勉強机なんてなかったんや。勉強しとったら、働きなさいって怒る母親やった」

それを聞いて、私の頭の中にはまた「？」がいっぱい浮かぶ。私の家には当たり前のように勉強机があって、勉強していなかったら母親から「ゲームばっかりしてないで、勉強しなさい」と怒られた。それでもゲームをやめないでいると、しまいには、ゲーム機のプラグをコンセントから抜かれ、セーブできていなくてデータが消えることもしばしば。だから、私はおっちゃんの言葉が理解できなかった。

「うちでは、勉強してなかったらむしろ怒られますよ？」

そうおっちゃんに言い返すと、優しく諭すように教えてくれた。

「わしの家は、田舎でな。貧乏やった。ずーっと畑仕事させられたわ。高校はもちろん行かせてもらえんで、中学出たらすぐに釜ヶ崎に働きにやってきたんや」

そのとき、ハッと気づいた。私の家には「勉強できる」という環境が前提としてあって、私は自分で「がんばる」か「がんばらない」かを選べた立場だったんだと。でもホームレスになったおっちゃんたちの中には、勉強できない環境にあった人が多い、そんなことに気づいた【＊3】。

そしておっちゃんは続ける。

「それから、日雇い労働を暑い日も、寒い日も続けた。夏の工事現場は過酷で、道路工事なんかがあると、敷いたばかりのアスファルトの熱で、もう暑くて死にそうやった。一度温度計を持っていったこともあるけど、50度を指してた。でも、その温度計、50度までのやつやったから、50度以上ってことなんよ。やっぱりそんな仕事は、大学出て正社員になった人なんかはせーへん。するのはわしらみたいな底辺の日雇い労働者や。でも、馬車馬のように働いて、こき使われてきたのに、50歳を過ぎたあたりでどんどん使ってもらえなくなったんや。やっぱり肉体仕事やから、若いやつが優先的に雇ってもらえる。中学出てからずっと日雇いしかしてきていないわしらに、今さら他の仕事なんてできへん。それであっという間にホームレス【＊4】や」

正直、日雇いの仕組みについてはそのときはそこまで詳しくわかっていなかったが、私が普段何も気にせずに通っている道路にも、そうやって苦労してつくってくれた人がいるんだと思った。その裏で、こんなことが起きているなんて思ってもみなかった。

そんな話を聞いて、ますますどう声をかけておにぎりを渡せばいいかわからなくなった。でももう時間はない。とりあえず私は、日雇い労働をがんばってこられた人が多いという話を聞いて、「おつかれさまです」と声をかけることにした。この言葉でいいのかどうかわからなかったが、そう言ってみようと思った。

おっちゃんからもらった初めての「ありがとう」

「おつかれさまです」

「はい、どうぞ～」

そう声をかけながら一人ひとり、手渡していく。ところが想像以上のスピードでおっちゃんたちがもらいにくる。押し寄せてくるという表現に近いかもしれない。渡す前にあんなに悩んでいたことを気にかける余裕もないくらい私も渡すのに必死で、いつの間にか、流れ作業のようになっていた。おにぎりを落とさないように、おっちゃんの手元しか見られていなかった。

そんななか、あるおっちゃんがコンビニのレジ袋を広げて私の前に突き出した。「え？どういうこと？」と驚いて、顔を上げた。でもおっちゃんは何も言わない。というより、何か言おうとしているけど、言葉になっていない。私はなんとなく、「袋の中におにぎりを入れてほしいってことなのかな？」と思って、

「ここに入れるってことですか？」

と聞くと、小さくおっちゃんがうなずいた。

おっちゃんは、震える声でゆっくり「ありがとう」とつぶやいた。

私は、そんな「ありがとう」を受け取るのが初めてだった。

友達にシャーペンを貸したときの「ありがとう」とか、図書館についていってあげたときの「ありがとう」とか、もっとライトな「ありがとう」しか言われてこなかった。絞り

出すように、懸命に伝えてもらった初めての「ありがとう」に、気づけば「こちらこそ、ありがとうございます」と言っていた。

1枚のコートで気づいた問題の本質

いつも斜に構えていた私の口からそんな言葉が出たことに、自分が一番驚いていると、そのおっちゃんの服がところどころ破れており、服というより「布きれ」であることに気がついた。

この寒さのなか、この格好で3時間も待って、きっと寒かったに違いない。そう思った私はとっさに、自分の着ていたコートをおっちゃんに渡そうとした。よかったら、これを着てほしいと。少なくとも、私よりおっちゃんのほうが、コートを着たほうがいいと思ったのだ。

しかしそれは、前日母親に百貨店で買ってもらったばかりの、おニューのコートだった。それゆえに、恥ずかしながら躊躇する気持ちもあった。その気持ちと天秤にかけながら、母親にも悪いなとも思いながら、それでも、渡したいと思った。今まで、服を買ってもらえて当たり前、それに対して何も疑問を抱いてこなかった自分がいたことにも気がついた。

「おっちゃん、よかったらこれ使って」

そう言って、コートを脱ごうとしたそのときだった。そのおっちゃんの後ろにも、そのまた後ろにも、寒そうにしている人が見えた。

――今、私が1枚のコートを渡しただけではなんの解決にもならないんじゃないか。

――そもそも、ひとりだけにコートを渡すのはよくないんじゃないか。

整理しきれない感情が渦巻くなかで、結論が出なかった。どうすればいいのかわからなかった。結局、コートを渡すことはできなかった。

――どうしたらいいんだろう。

――どうすればいいんだろう。

炊き出しからの帰り道、その気持ちがずっと頭をめぐる。疑問を解決しようと思って参加した炊き出しだったけれど、より多くの疑問、というより正解のない問いがたくさん出てくることになった。

炊き出しから帰って、家のコタツに寝転がった。大好きだったはずのコタツが、全然温かく感じなかった。

COLUMN 01

＊1　釜ヶ崎ってどこにある？

釜ヶ崎は、西成区北東部の簡易宿泊所が密集するエリアを指す俗称で、明治時代には地図にも記載されていたことが確認されているが、大正時代に町名の改編にともない公式的な地名としては消滅した。しかし現在も、地域の人や支援者の間では愛称として親しまれている。行政や報道では「あいりん地区」あるいは「あいりん地域」と呼ばれることが多い。釜ヶ崎には、都市の近代化にともなって生まれたスラム街が、明治時代から第二次世界大戦後まで広がっており、その後、日雇い労働者を集めておく寄せ場が形成された。

＊2　おっちゃんにとっての３００円

厚生労働省「ホームレスの実態に関する全国調査」（平成28年）によると、ホームレスの人のひと月の平均収入は3.8万円。平均すると1日約1245円となる。主な収入源は缶集めなどの廃品回収だ。アルミの値段は場所や時期にもよるが1キログラムあたり80円～120円。つまりこの1245円も1時間やそこらで集められた金額ではない。人によっては10時間近くかけて遠方まで集めに行っているのだ。

＊3　先入観のほどき方

ホームレス支援を通じて学んだことのひとつに、「私だったらこうするのに」という考え方の危険性がある。どうしてホームレス状態になったか、その理由を聞いていくと、それは仕方がないというものもあれば、一般常識ではこうすべきだったんじゃないかというものもある。しかしそれは、客観的な視点を持つ第三者の冷静な立場だから言えることだ。その人の生まれ育った環境、生い立ち、すべてを踏まえたうえで思いを馳せれば、その解を導き出せるのかどうかはわからない。正しいか正しくないか、の二択で考えるのではなく、もし、自分がその人と同じ境遇だったらどうだろうかとその背景に思いをめぐらすことが大事になる。

しかし、それだけでは不十分だ。いくら考えたとしても、決してその人とは同じ立場には立てないという前提を忘れずに、一人ひとりと向き合っていくことが重要な気がしている。

＊4 「ホームレス」という呼び方について

homelessという単語は状態を表す形容詞であり人を指す言葉ではないため、この本では「ホームレスの人」「ホームレス状態にある人」と基本的には書いている。しかし、ホームレス問題に出合ったばかりの頃は、言葉の意味を理解できていなかった。本章では当時の気持ちを思い起こすという意味で、「ホームレス」と書いている。

ちなみに、日本のホームレスの定義は非常に狭い。2002年に制定されたホームレスの自立の支援等に関する特別措置法(以下、ホームレス自立支援法)では、「都市公園、河川、道路、駅舎その他の施設を故なく起居の場所とし、日常生活を営んでいる者」となっている。つまり、24時間営業の飲食店やネットカフェ、友人宅等で寝泊まりする者は含まれていない。近年は、路上で寝泊まりしている層は減り、ネットカフェ等を利用している層が増えてきていると思われるが(実際にホームドアへの相談は、その層からのものが急増している)、法的には対象外となるため詳細な調査が行われず、実態がわかっていない。

第2章

課題の根っこをつかむ

——高校生で描いた「夢」

知って終わりにしたくない

炊き出しに参加してから、自分にもできることはないかと漠然と考えはじめた。

――たとえば、自分で炊き出しを開催してみるのはどうだろう。でも、お金はないし、1回でやめるわけにはいかないし、かといって、ずっとやろうにもこれから高校生、大学生になって自分の環境が変わっても続けられる自信もないし。

――じゃあ、コートとか体を温められるものを寄付で集めるのはどうだろう。でも、どのくらい集まるかわからないし、親に黙って炊き出しに行った手前、家に集めたコートを置いておくのは難しいし、そもそも、何か物を渡して本当に問題は解決するのかな。

できない理由ばかりが思いついた。

もともと私は、国際協力に興味があった。当時はイラク戦争が起きていた頃で、同年代の子どもたちが苦しんでいる様子を何かのドキュメンタリー番組で見たのがきっかけだった。親やきょうだいと離れ離れになっている。爆撃で足を失っている。今日食べるものにも困っている。そんな様子を見て、生まれる環境や場所が違うだけで不条理なことが起きてしまう。いつかその問題を解決したい、将来は国際協力機関で働きたいと、親に頼んで英語の勉強ができる中高一貫の進学校を中学受験していたのだ。

海外ばかりに目が向いていた私にとって、釜ヶ崎との出合いはあまりにも衝撃的だった。いつか、いつの日か、海外で活躍するんだ。そう息巻いていたはずなのに、自分の通学路、毎日通る場所にも苦しんでいる人がいたのかと、なんだか恥ずかしくなった。

その一方で、まだ私の心の中には、「ドキュメンタリーで見た悲惨な状況にある外国と違って、恵まれた国の日本で生まれたんだから、がんばったらなんとかなるんじゃないの？」という疑問もあった。

しかし、炊き出しで出会ったおっちゃんたちはおっちゃんたちなりに、がんばっている気もした。

「じゃあなんでホームレスのままなんだろう？」

自分の頭で考えるには限界を感じ、ホームレス問題について調べはじめた。すると、ある新聞記事を見つけた。

「自己責任」で片づける世の中の怖さ

「ホームレス焼死　少年逮捕」

こんな見出しから始まる新聞記事には、私と同世代の中高生が、ホームレスの人を襲撃して殺したという事実が書かれていた。なんと私と同い年の少年もいた。

亡くなった方は、足が不自由で持病もあって仕事を辞めざるを得ず、2年前から兵庫県姫路市でホームレスをしていたそうだ。テントで寝ていたところに火炎瓶を投げ込まれ、焼死した。驚いたのが、少年たちは足が不自由であることを認識したうえで、火炎瓶を投げ込んでいたことだった。

他にも残虐な事件が毎月のように全国各地で起きていた。路上で寝ていたら、5人の少年に囲まれて殴る蹴るの暴行を受けて亡くなってしまった方。熱湯をかけられ、全身を火傷してしまった方。鉄パイプや角材で殴打されて亡くなってしまった方。

その方たちは、どんな気持ちで亡くなったんだろう。私は思いをめぐらせた。

寝ていたら、いきなりテントが燃えている。でも足が不自由で逃げることもできない。

寝ていたら、少年たちに囲まれている。わけもわからず殴りつづけられる。

ホームレスだから。

路上で寝ているから。

それだけの理由で殺されてしまう日本って嫌だな、そう思った。

さらに事件を調べていくと、事件を起こした少年たちの供述には、こうあった。

「社会のゴミを掃除するという感覚だった」

「人間のくずなので、死んでもいいと思った」

私は、その少年少女たちの気持ちがなんとなくわかった。わかっちゃいけないはずだけど、わかった。私も、炊き出しに参加するまではそちら側のものの考え方をしていたからだ。

――自己責任【＊1】じゃないの？

――怠けているからホームレスになったんじゃないの？

でも今は、そうではないとわかる。ホームレスになるには、ならざるを得ないだけの理由があるのだと。

では、私とその少年たちにどんな違いがあったのだろうか。

ストレスがたまっていたか、いなかったかの違い？

襲撃するような友達がいたか、いなかったかの違い？

そうではなく、それは問題を適切に知る機会が「あった」か「なかった」かの差ではないか。好奇心からとはいえ、私はたまたま炊き出しに参加することができ、知ることができた。

じゃあ知って終わりなのか。そうじゃないんじゃないか。知ったからには「知ったなりの責任」というのが実は発生しているんじゃないか。そんな気がした。

全校集会で志願の5分間スピーチ。結果は……

知ったなりの責任を果たしたい。

そこで思いついたのが、ホームレス問題を伝えることだった。

学校の先生が、「ホームレスの人を襲ってはいけません」と言うよりも、友達が「ホームレスの人ってこういう人なんだよ」と言うほうが伝わるんじゃないかと思った。生まれて初めてかもしれない。私だからこそできる、私がしたほうがうまくいく。そんなことを見つけられたのだ。

そこで物は試しと、まずは自分の学校で友達に伝えようと考えた。時はちょうど冬休み。休み明けの全校集会で、ホームレス問題について発表しようと企んだ。しかも、冬休みの作文の宿題が出されていたので、炊き出しに参加した感想とホームレス問題について書いたら一石二鳥。早速書き上げた作文を持って、私は先生の元を訪ねた。
「今度の全校集会、私に5分、時間をください」
先生は非常に驚いていた。あまり真面目でもないし、目立つ存在でもない生徒が、急にそんなことを言い出したからだ。全校集会もコンテンツがいっぱいで時間が取れないと渋る先生を前に、「どうしても読みたいんです」と繰り返し、「では、クラブなどの活動発表をする時間があるから、そこで発表してください」と言われた。

このエピソードを披露したあとで書くのもなんだが、実は私はシャイで、人前で話すという経験はそのときまで皆無だった。文才もないほうで、読書感想文なんていつも落選。だから、どう話せばホームレス問題がより伝わるのか、一言一句にまでこだわり、徹夜で読む練習もした。

そしてとうとう、発表のときがやってきた。しーんと静まり返っている集会の場で、私はその緊張に耐えきれず、声を震わせながら懸命に作文を読んだ。作文も後半に入ったところだろうか、少し余裕が出てきて、ふと、作文用紙から顔を上げた。すると、友達はみんな爆睡。全校集会は昼寝の時間となっていたのだ。

怒りがこみ上げてきた。こっちは徹夜で練習してまで作文を読んでいるのに、なんで寝ているんだ――。ただ、寝ている人を責められない自分もいた。いつもは私も、全校集会では爆睡する側だったからだ。

意気消沈しながら、クラスに帰った。そうだ、学級委員長もしている真面目なあの子なら聞いていたかもしれないと、声をかけた。

「私の話、どうだった？」

「え？　どうせ自業自得やん」

全然伝わっていなかった。自業自得ではない理由を私は説明するも、友達は聞く耳を持たないという感じで何も伝わらない。何よりまだ、私も自信がなかった。本当に、自己責任じゃないのかな？　もっとがんばればなんとかなるんじゃないかな？　そんな思いがまだ拭《ぬぐ》いきれていなかったのだ（当時の私は適切に説明できなかったが、今はこの構造を「負のトライアングル」として説明できる。第４章を参照）。

「誰かがきっとやってくれる」——その「誰か」って誰？

結局、作文を読んで失敗するという経験がトラウマになり、それから何もアクションを起こさないままに時は過ぎていった。

「誰かがきっとやってくれる」

自分の中ではそんな言い訳ができ上がっていた。中学生の私なんかが何かやらなくても、政治家とかえらい人とか、お金をたくさん持っているオトナが何かしてくれるんじゃないか。そのほうがよっぽど早く、問題は解決する。そう自分に言い聞かせていた。

しかし、なんの因果か私は毎朝毎晩、必ず「新今宮駅」を通らなくてはならない。否が応でも、駅のプラットフォームに立つと、ホームレスの人たちの姿が目に入ってきてしまう。夏の暑い日には、「こんなに暑いけど、熱中症になってへんかな」と道端で寝ている人が気にかかるし、冬の寒い日には、「この寒いなか路上で寝て大丈夫なんかな」と、ボロボロの服を着たホームレスの人を見るたびに心の奥がぎゅっと締め付けられた。

炊き出しに参加するまで、まるで「ホームレス」という人種がいるかのようにひとくくりにしてきたけれど、いつの間にか、私の中でホームレスの人たちが、近所にいるおっちゃんのように感じられていた。身なりはボロボロだし、中には臭いのきつい人もいるけれど、でも、自分の父親とも年齢だってそう変わらないし、道案内してくれた優しいおっちゃんだっていた。質問したら丁寧に答えてくれたおっちゃんだっていた。だから、寒そうな様子を見たときに、かつては他人事だったその状況が、自分事になったとまでは言わないけど、「友達事」のようには感じられた。

しかし結局、何もできないまま、でも、心に何かが引っかかったまま約1年が過ぎた。

そんなある日、ひとりのおっちゃんが駅の改札を出たところの階段に座り込んでいるのが目に入った。

「あ、あのおっちゃんや！」

偶然にも、私が炊き出しでコートを渡そうか悩んだおっちゃんがいたのだ。

ひと目でそのおっちゃんだとわかった。なぜなら、1年前とまったく同じ、ボロボロの、もはや布きれと化した服を着ていたからだ。

「あれ、何も変わっていない……」

誰かがきっとやってくれる。誰かがやったほうがうまくいく。そう自分に何度も言い訳をして、見て見ぬふりをして1年を過ごしてきたが、状況は何も変わっていなかった。

駅のプラットフォームから見えるホームレスの人のテントは1年経っても変わっていないし、襲撃事件が減ったかというとそういうわけでもない。誰かがきっとやってくれると思っていても、何も変わらないんだと気づいた。


――じゃあもし、今、自分が何かしたら？

――何もしないよりは、襲撃事件を少しは減らすことができるんじゃないかな？


そう思えた。少なくとも、今よりはマシになるんじゃないか。大きな変化は起こせないかもしれない。でも、ほんのちょっとでいいから、小さな変化でいいから、何かを変えることってできるんじゃないか。

思い込みかもしれない。自分に何かできるっていう勘違いかもしれない。それでもいい、そう思い込もうと思った。もう、指をくわえて見ているのは嫌だった。

「夜回り」で聞いた衝撃の数字

前回の反省を踏まえ、まずは私自身、もっとホームレス問題のことを知る必要があるなと痛感していた【＊2】。

そんな矢先のことだった。学校のボランティア部の友達が、今度初めての取り組みとして、ホームレスの人が寝ているところに、お弁当を配って回る夜回り活動というものに参加するというのだ。それは、ぜひとも行きたいと思い立ち、友達に懇願した。すると、ボランティア部に入らないと活動には参加できないというので、いつまでもベンチ部員だったバスケ部をあっさり辞め、ボランティア部に入部することにした。

夜回りには保護者の同意書を持ってきてくださいと言われたが、もちろん私は自分で書いた。なんとなく、まだ親には言えず、バスケ部の合宿と偽り、釜ヶ崎に行った。ボランティア部の中でも、夜回りに参加したいというメンバーはとても少なく、中学生4人と引率の先生で参加した。19時頃に集合し、おにぎりを１００個ほどつくってラップした。つくり終わったのは21時。まだホームレスの人たちは寝床についていないからと、１時間ほど待って出発することになった。その間、団体の人から衝撃的な数字を聞いた。

年間213人。

これは当時、大阪市内の路上で凍死や餓死で亡くなった人の数だ（大阪市におけるホームレス者の死亡調査より：https://www.jstage.jst.go.jp/article/jph/50/8/50_686/_pdf）。

大阪市内だけでそんなに亡くなっているのか——。心底驚いた。私はこの数字を聞くまで、心のどこかでホームレスは怠けたくてホームレスになったんじゃないか、ラクしたいからホームレスしているんじゃないか、そういう思いが拭いきれていなかった。なぜなら、私が朝、通学するときに見かけるホームレスの人は、まだ寝ていたり、朝からお酒を飲んでいたりしたからだ。自由気ままなイメージがあった。

「ホームレスの人は、怠けたくて怠けているのか」

その疑問を、団体の人に投げかけた。すると、こう返事が来た。

「ホームレスの人は働いていない、怠けていると言われがちですが、そもそも、７割近くのホームレスの人たちは働いています。廃品回収、つまり、缶集めや段ボール集めです。それは、家庭からゴミが出たあとの夜中に集め回らなければいけません。だから、ホームレスの人の多くが昼夜逆転の生活を送っているんです。きっとあなたが見たホームレスの人は、ひと晩中缶を集めていた人で、１日の楽しみである働いたあとのお酒を飲んで、今から寝ようとしているところだったんじゃないかしら」

しかし疑《うたぐ》り深い私の中では、また新しい疑問が浮かび上がる。

それだったら、お酒は我慢して、その分貯金して、家を借りたらいいんじゃないだろうか。するとまた、こう教えてくれた。

「廃品回収というのは、10時間集めて回っても、平均すると１０００円にも満たないような仕事です。時給でいうと１００円。割に合わないけど、ホームレスの人たちにはその仕事しかないんです。そんな中での唯一の楽しみが、仕事終わりのお酒です。そのお酒も、１００円くらいのカップ酒です。そのくらいの楽しみがないとやっていられないんじゃないかしら。また、寒い日に外で寝るためには体を温めて寝やすくしないと、とてもじゃないけど寝られません。そのためにお酒を飲むっていう人もいるんです。もちろん、お酒を飲んで寝るのが体によくないことなんて、みんなわかっているんだけど」

話を聞いていると、確かにそうだと思った。年間200人以上も亡くなり、10時間集めても1000円にしかならないという廃品回収くらいしか仕事がない。路上生活というのがいかに過酷で大変なものなのか、いよいよわかってきた気がした。

――誰がやりたくて、ホームレスをやっているんだろうか。

――誰がなりたくて、ホームレスになっているんだろうか。

そこにいたのは「ふつうのおっちゃん」

22時になって、2コースに分かれて夜回りに出発した。夜の釜ケ崎の雰囲気は、昼とは違って静かで、どこか殺伐とした空気が流れているように感じた。どうやっておにぎりを渡すんだろうと思っていたら、夜回り団体の人が路上で寝ているおっちゃんのほうにすっと近づいて、しゃがんで声をかけた。

「こんばんは〜。夜回りです」

どうやらおっちゃんに反応はない。おにぎりをおっちゃんの枕元に置いて、団体の人が戻ってきて説明してくれた。

「一度声をかけてみて、起きない人は無理に起こさないでください。この寒いなかでようやく眠れたんだから、起こしてしまうともう眠れないかもしれません。また、必ずしゃがんで声をかけること。路上で寝ている人からすると、立っている人は大きく見えるし、急に声をかけられて、襲撃されるのではないかとビクビクしてしまうから、必ずしゃがんで、同じ目線になって、そっと声をかけるようにしてください」

いっぺんにいろいろと気をつけなくてはいけなくて難しいなと思いながら、私もおっちゃんにおにぎりを渡してみた。

「こんばんは〜。夜回りです。おにぎり持ってきました」

緊張しながら、私も声をかけてみた。

「ああ、そこらへん置いといて」

そっけなく返ってきた。私が期待していた歓迎ムードではなかった。


炊き出しと違って夜回りは、こちらから行く分、人との接触を望んでいる人ばかりというわけではなかった。それでも声をかけることは重要な気がした。いろいろあって、今はまだ、誰かと関わる気になれないだけかもしれない。でも、何か困ったことがあったとき、ああいう人もいたなと頭の片隅で覚えていてくれたら、相談しようという気になるかもしれない。

そうポジティブに捉え直して、声をかけつづけた。


「こんばんは〜。夜回りです。おにぎり持ってきました」

「おお、寒いのにありがとうなぁ。ねえちゃん、若いなぁ。いくつや?」

「中3です」

「わしが中3のときにはなぁ、こんなことしようなんて思わんかったで。えらいなぁ。また来てや。寒いから風邪ひかんよう気ぃつけや」

そんなふうに言ってくれるおっちゃんもいた。おっちゃんのほうがあきらかに寒そうで、しんどいはずやのに、なんで私のことまで気を遣ってくれるんやろ。おっちゃんの人のよさそうな笑顔に、ずっとビクビクしていた気持ちが、すーっとほどけていくのを感じた【＊3】。

「ふつうのおっちゃんだ」

当たり前のことかもしれない。でも、正直なところ、そう思った。

救急車を拒む悲しい理由

そろそろ、おにぎりもなくなりかけてきた頃だったろうか。声をかけるも、反応が鈍く、これまで出会った寝ている人ともあきらかに違う、しんどそうにおなかを抱えて丸まっているおっちゃんがいた。私は急いで団体の人を呼びに行った。

団体の人は、おっちゃんに「大丈夫ですか？　救急車呼びますか？」と呼びかけてくれた。しかし、おっちゃんはかたくなに首を横にふる。

「いつものことやから、我慢できる」
「救急車だけは呼ばんといてくれ」

そう何度も繰り返すおっちゃん。結局、少し経って症状が落ち着いてきたようだったので救急車は呼ばず、周りのおっちゃんたちに見守ってもらえるように声をかけてその場は終えた。あとで団体の人が、病院に行きたがらない理由を教えてくれた。

「病院側も、路上にいる人の救急搬送だとわかると受け入れてくれないことも多いの。病院へ運んでもらえたと思っても、待合室でずっと待たされつづけて、亡くなってからお医者さんがやってきて死亡診断書だけ書かれたということもあったのよ。逆に、ホームレス状態の人をよく受け入れる病院もあって、そこの場合は診療報酬をたくさんもらおうと不要な治療をたくさん受けさせてなかなか退院させてくれないの。扱いがとてもひどくてそういう病院から逃げてきたという人も多いのよ」

そのおっちゃんがそうだったかはわからないが、ホームレスの人の中にはコンビニや飲食店の廃棄食品を漁って食べる人もいるため、おなかが痛くなりやすいという話も聞いた。

高齢の方や障がいを持っている方の中には、缶集めができない人もいる。その場合、最終手段としてゴミ箱から食料を集めることになる。その行為を文字通り、「アサリ」と呼ぶそうだが、店側も、ホームレスの人が店に来るのは嫌だから、アサリ対策に廃棄食品に洗剤や薬品をかけることがよくあるそうだ。それを知らずに食べ、おなかが痛くなることも多いと聞かされた。

さまざまな差別にあい、襲撃や凍死、餓死の危険性とも隣り合わせ。想像以上に過酷な現実に直面した夜回りだった。

新聞をつくって全校生徒に配ってみた

夜回りに参加して知ったことを、ボランティア部として発信しよう、と私は同級生の部長に伝えた。この体験をこのまま、自分の胸にだけとどめておくのは違う気がした。そこで、前に作文を読んでダメだった経験から、今度は書いて伝えてみるのはどうだろうと考えた。夜回りに参加したメンバーで話し合い、新聞を手書きで制作し、顧問の先生にお願いして全校生徒に配ってもらうこととなった。

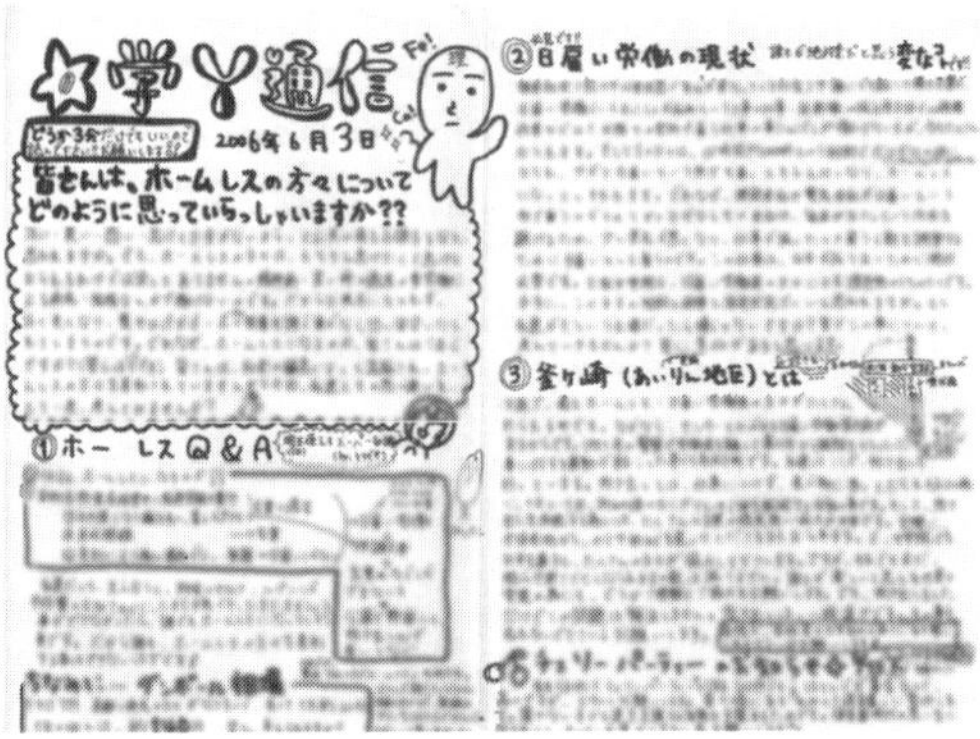

当時制作した新聞。問題の「ホーレス」は左ページ中段に
（画像は一部加工している）

ボランティア部という肩書きがあるとなんとも動きやすいと実感しながら、徹夜で書き上げて、早速、新聞を配布してもらった。ところが、配布された新聞を見て驚愕した。タイトルが「ホー　レス」となっていたのだ。「ム」の形が気に入らなかった私は、修正ペンで消して乾かしている間に寝落ちしてしまい、「ム」を書き直すのを忘れていたのだ。

ところがこれが功を奏したのか、みんな新聞を読んでくれた。

「川口がホーレスって書いた新聞配ってるで〜」と。

これはうまくいったと思い、早速、次の企画を考えた。

第2の川口つくろう計画

高校進学後、次に思いついたのは、題して「第2の川口つくろう計画」。

私と同じ体験をしてもらえれば、私のようにホームレス問題に目覚める子が現れるんじゃないか。百聞は一見にしかずということを身をもって体感していたので、私なんかが紡ぐ陳腐な言葉ではなく、やっぱり現場を見てほしいという気持ちがあった。早速、炊き出しを行っている団体にお願いして、翌月の炊き出しで、10人ほどのボランティア枠を用意してもらえることとなった。

炊き出しの参加者（前列左から３人目が筆者）

そして、学校の掲示板に「炊き出しボランティア参加者募集」と手書きチラシを貼った。すると1週間後、驚くことに参加希望者リストには欄外まで名前が書かれていた。なんと20人以上の参加希望者が集まったのだ。いつの間に、ホームレス問題にこんなに関心が集まっていたんだ、新聞や作文の効果はあったのかもしれないと喜んだ……のもつかの間。ちょうどこの頃、AO入試という制度が始まり、炊き出しに参加すると有利になるという噂が、どうやら流れていたようだった。

2泊3日のフィールドワークでつかんだ手応え

第2の川口つくろう計画が想像以上にうまくいき、参加希望者も多かったので、その後も継続的に炊き出しボランティアの募集を実施した【＊4】。狙い通り、ボランティア部の入部希望者も増えてきた。

当時私は、せっかくメンバーも増えてきたことだし、何かもっとホームレス問題に対してできることはないかと常に考えつづけていた。なぜなら、毎朝毎晩、釜ヶ崎を通る。そのたびに、リマインドされているような感覚だったからだ。もう見て見ぬふりをして過ごすことはしたくない、と何度も自分に言い聞かせて気持ちを奮い立たせた。

そんなとき、顧問の先生から、関西のボランティア部の交流合宿で、私たちの学校が今年度の当番校だと聞かされた。ボランティア部に入部したばかりの私は、その合宿に参加したことはなかったが、聞けば毎回ひとつのテーマを設定し、それを議論し合う合宿だという。それはもう、ホームレス問題をテーマにするしかない。先生の話もそこそこに私の心は決まっていた。

それから半年かけて、合宿準備にいそしんだ。私の青春すべてをこの合宿に注ぎ込んだと言っても過言ではない。考えることは山ほどあった。合宿には数十人が参加すると聞いていたので、さすがに炊き出しに参加してもらうのは難しい。それならば、実際に釜ヶ崎で現場の人の声を聞いてもらうのはどうだろう。ただ、数十人規模で釜ヶ崎に中高生がやってきたらおっちゃんたちびっくりしないかな。それなら、10人くらいずつのグループに分かれて、フィールドワークをしながら釜ヶ崎内にある講演会場に向かうのはどうだろう。そんなことを考えながら、2泊3日、濃密にホームレス問題を学べるようなスケジュールを組んだ。

高校１年生のときに描いた釜ヶ崎の地図

結果、合宿には7つの学校から99名が参加した。参加者や引率の先生からの評判もよく、成功に終わった。

支援金目当てで「親善大使」に応募

合宿後も講演会に新聞発行、炊き出しの企画を継続的に行い、10名前後しかいなかったボランティア部は、入部希望者が40名にまで膨れ上がり、高校2年生で私は部長になった。

しかし反省もあった。私が入部してからホームレス問題研究部となってしまったのだ。おっとり系の子が集まり、お茶会を楽しみながら手話や高齢者施設訪問などを行う部活が、「炊き出し用のお米集めの目標は〇〇キログラム！」と、数値目標まで設定するストイックな部活へとさまがわりをしてしまった。

部長としてマネジメントの難しさを感じつつも、手頃な充実感も味わっていた。しかしその一方で、このまま活動を続けていってもいいのかと悩む日もあった。というのも、私の活動はホームレス問題を伝えることがメインであったため、ホームレスの人と接触する機会は少なく、本当にこの活動が当事者らの役に立っているのか、曖昧なままだったのだ。

小さな変化だけでも起こせたら十分だと思い活動を続けてはきたものの、通学路で出会うホームレスの人たちには依然として変化はないため、自分の無力さが歯がゆかった。また、この頃に至ってもまだ、親には内緒で活動していたので、周りに相談できる大人はおらず、どうすればいいのだろうかと考えあぐねていた。

そんなある日、学校の掲示板に貼られたポスターが目にとまった。「ボランティア・スピリット・アワード」という賞のポスターで、中高生のボランティア活動を応援しますと書かれていた。それだけでは正直なところ惹かれないが、なんと受賞すると活動支援金がもらえるとある。しかもその額15万円。高校生には大金である。さらに、米国ボランティア親善大使というのに選ばれるとワシントンD.C.で行われる全米表彰式にも招待されるとのこと。自分がやってきたことがボランティアだという自覚はなかったが、言われてみればボランティアと呼べるものだし、完全に支援金に釣られ、応募してみることにした。ただ、ポスターを見つけた時点で応募締め切りまであと2日。深く考える間もなく、急いで応募用紙を埋めていった。

自分の今までの活動を振り返って、文章に落とし込むというのは初めてで、いざ書いてみるとおもしろいほどに筆が進んだ。A3の応募用紙2枚に書いてみると、全然書ききれない。資料やCD-ROMは添付できないということだったので、これはもう、がんばって用紙に書くしかないと思い、そのとき、流行りはじめていた、0・25ミリの極細ボールペンを買いに行き、小さな小さな文字で、びっしり用紙を埋めた。最終的には支援金目当てであることも忘れ、私以外は誰も読めないだろうけれど、どれだけ文章を詰め込めるか、もはや自己満足でいいやと書き上げた。

応募用紙を投函して1か月ほど経った頃、家に1本の電話がかかってきた。最初に出た母親の表情が、みるみる変わった。これはあの件ではないかと勘づいた私は、「それ、私宛ての電話でしょ?」と替わってもらった。これが、受賞の連絡だった。何かで受賞するというのは、小学3年生のときに、夏休みの宿題の習字でもらった小さな賞以来で、なんの特徴も取り柄もなかった私が受賞できたことに驚いた。

まずは関西ブロック賞という、各都道府県代表のようなものを受賞したとのことで、ブロック表彰式に参加することとなった。もちろん親には内緒で、日曜日の朝、部活と言って何くわぬ顔で表彰式に出かけた。家からは電車で1時間半くらいの道のり。

いざ始まると、まずはコミュニティ賞が30名ほど発表されていく。さまざまな活動があることはもちろん、こんなにもボランティアをしている子がいたんだと、なんだか嬉しくなった。そして、関西ブロック賞が3名発表される。それぞれ、何をして受賞したのか、受賞した気持ちを聞かれ、私も答えていると、何やらひとりの男性がカメラを持って近寄ってくる。カメラマンかと思い、カメラに視線を向けると、自分の父親だった。

どうやら、電話に出た母親がその後、秘密裏に表彰式のことを調べ、2人でやってきていたのだ。式典後、両親は車でいつの間にか帰っていた。せっかく来たんだったら、車に乗せてくれたらいいのにと思いつつ、私は電車で1時間半かけて帰宅した。両親は、私がなんの活動で受賞したのかそのとき初めて知ったので驚いてはいたが、賞をもらったことのほうが嬉しかったようで、帰宅後は何も言われなかった。

そしてクリスマスには、ブロック賞を受賞した40名が集まる全国表彰式が東京で行われると連絡があったが、それには、引率の大人の参加が必要だった。親にこれ以上説明するのが嫌だった私は、まずボランティア部の顧問の先生にお願いした。しかし、男性の教師と女生徒の2人が泊まりで行くのはちょっとよくないというのと、クリスマスということで家庭の用事もあるしということで断られてしまった。2週間ほど悩んだが、他に選択肢はなく、しぶしぶ母親に引率を頼むことにした。東京観光ができると喜んで母親はついてきた。

伝えつづけて3000名の頂点に

全国表彰式では、予想以上のツワモノばかりで、親善大使を目指して4年目の応募だという人もいれば、ボランティア部全員で応募したという人もいた。そんななか、高校生でホームレス問題に取り組んでいるというのは珍しかったようで、賞の運営側の人からは、

「老眼鏡で小さい字を懸命に読んだよ」

「ホームレスの人に対して知らず知らずのうちに偏見があったけれど、あなたの活動内容を読んでイメージが変わった。感激したわ」

と言ってもらえた。会う人会う人にありがたい言葉をかけてもらえ、続けてきてよかったと心の底から初めて思えた。

周りに相談できず、この活動でよいのか悪いのか、自信が持てず、暗中模索でやってきた日々。しかしこうして、問題を少しでも誰かに伝えられたなら、それだけでもやってき

てよかったと思えた。

そんな取り組む問題の珍しさもあってか、なんと、応募総数3000件以上の中から、2名の親善大使のうちのひとりに選ばれたのだ。

親善大使に選ばれると、事前に引率者から生徒に宛てて書かれた手紙が読み上げられるサプライズがあるのだが、私の母親はまさか読み上げられるとは思っていなかったようで、手紙には「家にいるおっちゃん（＝父親）にも優しくね。家でもボランティア（＝お手伝い）してね」と書いてあった。そんな手紙が読み上げられ、私は大恥をかいた。やっぱり親には活動のこと、これからも黙っておこうと心に誓った。

「どんな変化があったの？」——海外で思い知らされた現実

親善大使に選ばれると、ワシントンD．C．で各国の親善大使が集まる5日間の国際会議に出席できる。私は、初めての海外ということで浮かれまくって、意気揚々と参加した。

ワシントンD.C.で各国の親善大使が集う様子
（筆者は前列右から3人目）

しかしそこで、海外と日本のボランティアのレベルには圧倒的な差があることに愕然とした。日本では、部活の先輩がやっていたボランティア活動を引き継いで、工夫を重ねてこんな活動をしていますという中高生が多かったのに対し、海外の受賞者たちは、自分が問題意識を持ったことを解決しようと、ゼロから活動を立ち上げている人がほとんどだったのだ。

たとえば、小児ガンを経験した13歳の男の子は、入院中に寂しくて暇だった経験から、退院後、今も病院で苦しんでいる子どもたちの力になろうと、遊ばれなくなったおもちゃを集めて闘病中の子どもたちに送る活動をしていた。しかも、大手のおもちゃ会社の協力も得ているそうだ。

また他にも、ハリケーンで被災した経験から義援金を数億円規模で集めている子がいたり、子どもがよく触れるのはお菓子だからとお菓子のパッケージにボランティア広告を出している子もいたりと、私の想像をはるかに超えたプロジェクトばかりだった。私は活動しているなかで、行政や企業と一緒にやろうなんて思いもしなかった。いつの間にか、中学生だからこれしかできない、高校生だからこれしかできないと、自分で自分の限界をつくっていたことに気がついたのだ。

そんなすごい中高生たちばかりが集まるなか、私も恐る恐る、拙い英語で自分の活動を発表した。すると、アイルランドの親善大使の子からこんなことを言われた。

親善大使に選ばれたときの様子（筆者は写真左から２人目）

「あなたの活動でホームレス問題にどんな変化があったの？」

その問いにハッとした。

私が活動する前と後で、ホームレス問題は何も変わっていなかったのだ。

確かに、学校の友達や合宿に参加した人はホームレス問題に少し詳しくなったかもしれない。ほんの小さな変化はあったかもしれない。でも結局、当事者たちは何も変わっていなかった。

私には、活動するなかでずっと心に引っかかったままの出来事がある。

それは、夜回り活動のとき、あるおっちゃんから言われた「わしにもできる仕事ないかな」というひと言だ。

「働きたくても働けない」問題の根っこには何がある？

そのおっちゃんとは、夜回りで毎月必ず会っていた。センターと呼ばれる釜ヶ崎の象徴的な建物の軒下で、他のおっちゃんたちと並んで寝ていた。最初は、「こんばんは〜」と少し言葉を交わす程度だったが、高校生で夜回りに毎月来ていたのが珍しかったようで、「何年生や?」「夜回りなんて来んと、勉強がんばりや〜」「風邪ひいたらあかんで〜」といつも温かい声をかけてくれた。あるとき、「わしにもあんたくらいの娘がおってなぁ。懐かしいわ」と言うので、生年月日を聞いて計算したら娘さんは40歳近かった。そんな関係性ができたからか、なぜホームレスになったのか、身の上話をしてくれた。

そのおっちゃんは、もともと自分で会社を経営していたそうだが、親会社の倒産にともない自分の会社も倒産。多額の借金を背負い、迷惑はかけられないと家族とも離別し、借金の取り立てから身を隠すように、日雇い労働を求めて釜ヶ崎にやってきたそうだ。しかし、おっちゃんはもともと心臓が弱く、過酷な日雇い労働では働けず、またたく間にホームレスになってしまった。

世間からしたら、「自己責任だから仕方ないんじゃない？」とか、「もっとできることあったんじゃない？」とか、「その人に能力があれば会社も倒産せずに済んだんじゃない？」と思われるかもしれない。

でも少なくとも、おっちゃん自身が一番後悔していた。

「あのときああしてたら、家族とも別れずに済んだんじゃないかな。こうしてたら会社もうまくいったんじゃないかな」と。

私はそんなおっちゃんのことを「自己責任だから、ずっとホームレスでも仕方ない」で済ませたくなかった。

それに、もし私がそのおっちゃんの人生を歩んでいたら、親会社の倒産というせっぱ詰まった状況ならおっちゃんと同じ判断をしていたかもしれない。しかも、おっちゃんはおっちゃんなりに、そのときそのときで、精一杯できることをしていたんじゃないかと思えた。

おっちゃんの身の上話を聞いて、私はより一層、何かできることないかなと思い、尋ねるとこう返ってきた。

「せやな……とりあえず、もう一度ちゃんとした仕事で働きたい。わしにもできる仕事ないかな」

おっちゃんの口からこぼれた「働きたい」という言葉。やり直したい。もう一度働いてがんばりたい。それを応援せずにはいられないと私は奮起した。

その日から私は、おっちゃんに内緒で、63歳の男性が働ける仕事はないだろうかと探しはじめた。求人情報誌に掲載されている会社に片っ端から電話していった。しかしいざ、具体的に仕事を探そうとすると、ホームレス状態から働く状態に至るには、さまざまなハードルがあることに気づいた。

まず連絡手段について。今は私の携帯電話から電話しているけど、もしおっちゃんが面接に行くとなったら、面接の合否の連絡はどの電話にしてもらったらいいんだろうか？　働くとなったら、やっぱり携帯電話はマストアイテムだけど、おっちゃん、携帯電話代払えないし、そもそも、ホームレスの人でも、携帯電話って契約できるんだろうか？

ほとんどの求人票には給料翌月払いと書かれているけど、これって働いてもすぐにはお金がもらえないってこと？　そしたら給料がもらえるまでの生活費、どうしたらいいんだろう？　今は昼間に炊き出しに並んでご飯を食べているけど、日中に働くようになったら炊き出しには並べなくなる。そもそも、交通費もないのにどうしたらいいんだろう？　働くんだったら、身なりもちゃんとしないといけないし、そのお金はどうしたらいいんだろう？

仕事を探せば探すほど、ホームレスの人が働くには大きな壁があると感じた。

結局、大した仕事も見つけられず、翌月の夜回りの日がやってきた。おっちゃんにどう話そうと考えあぐねながらおっちゃんを探すも、そんなときに限っておっちゃんがいない。いつものコースを一周しても、結局会えなかった。終わり際、私は、いつもおっちゃんが寝ていた場所の近くにいる別のおっちゃんに聞いた。

「あそこで寝てたおっちゃん、どこ行ったか知ってます？」

「ああ、あの人。こないだ亡くなったで」

頭を殴られたような衝撃だった。結局、その方は身分を証明するものを持っておらず、無縁仏《むえんぼとけ》になったという話もあとから聞いた。もう一度やり直したい、そんな思いが叶わず、路上で名前も知られず亡くなってしまう。そんな社会、もう嫌だと思った。

その出来事がずっと心に引っかかっていただけに、アイルランドの親善大使の子から言われた言葉がぐさっと刺さった。

「あなたの活動でホームレス問題にどんな変化があったの？」

だから、私は夢を描いた

結局、私の活動はホームレス問題の根本原因にアプローチできていない。ホームレス問題への偏見をなくして、ホームレス状態をちょっとだけよくしたという対症療法的な活動にとどまっていたんじゃないだろうか。そうじゃなくて、本当に必要なのは根本的に問題を解決すること。ホームレス状態から脱出したいと思ったら誰でも脱出できるし、そもそも、ホームレス状態になりたくないって思ったらそうならずに済む。そんな社会にする必要があるんじゃないか。

そんな思いから、私は１枚の絵を描いた。

とりあえず、ここに駆け込んだらなんとかなる。そんな施設の間取り図を描いたのだ。

——その日暮らしになっている路上での生活では、今後のことなんて考えられないんだよなぁ。安心して、自分のペースでゆっくり過ごしてもらいながら、これからのことを考えてもらう。そんな時間が必要なんじゃないかな。よし。とりあえず、ここに来てもらったらその日からゆっくり休んでもらえる個室を用意しよう。

――3時間も寒いなか並んでおにぎりをもらうんじゃなくて、いつ来ても温かいご飯が食べられる。そんな場所があったらなぁ。やっぱり、おなかがいっぱいにならないとがんばろうっていう気力も湧かないんじゃないかな。日本では廃棄食品も多いっていうし、その食品を集めて、カフェもできるんじゃないかな。よし。栄養の取れる食事ができるカフェもつくろう。さらにそのカフェでは、おっちゃんたちに就労支援として働いてもらおう。それ以外にも、どんな人でもその日から働ける仕事をたくさんつくろう。職業訓練が受けられるように、教室もつくろう。

――ホームレスの人の中には児童養護施設出身の人も多いなぁ。児童養護施設は18歳（現在は20歳）を過ぎると退所しなければならなくて、急に頼れるところがなくなってしまうのがよくないんじゃないかなぁ。それなら、成人向けのこの施設に併設したら、大人になっても帰ってこられる場所がある状態をつくれるんじゃないかな。おっちゃんたちの中には子ども好きの人も多いし。よし、施設の真ん中には公園をつくろう。

――ホームレスの人たちにも優しい、安心して医療を受けられる病院も描こう。路上から搬送された場合に備えて、救急車が直接、施設に入れるようにしよう。

――悩みを抱えた人も多いから、カウンセリングルームもつくろう。

――音楽は人を癒やすっていうし、私の好きなオーケストラの楽団もつくろう。

自分の趣味も織り交ぜつつ、1枚の絵を描き上げた。

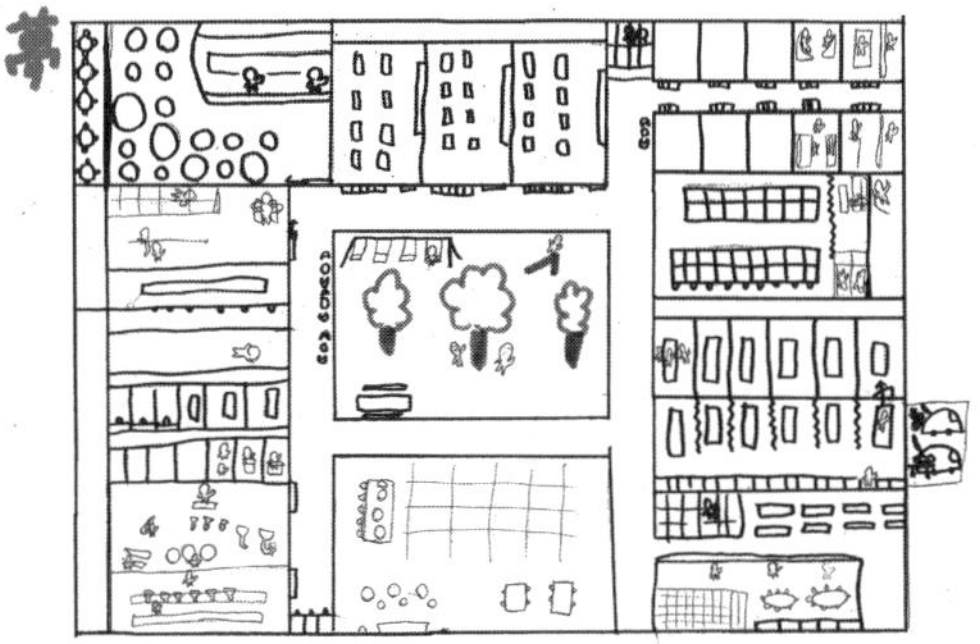

高校3年生のときに描いた「夢の施設」の間取り図。
第8章で説明するアンドセンターの原点だ

になってしまうことだ。

たとえば、紛争地域で子どもが凄惨な目にあっているというニュースを見て、「悲しいね」「怖いね」「かわいそうだね」。そんな感情を抱くのもつかの間。もう次の「ひとふり」で違う感情が待っているし、スマホを置けば、いつもの日常に戻ってしまう。

能動的にタイムラインを見ているようで、いつの間にか受動的になっていることがしばしばある。そこで私が気をつけているのは、能動的に知る機会をつくり出すことだ。中でも一番いいのは、現場に出向き、自分も体験すること。百聞は一見にしかずというわけだ。ホームドアの夜回りは多くの人に参加してもらえるよう、広く一般募集をし、初めての参加者には30分ほどの説明も行う。日本の社会課題を体感してもらう機会をつくっていくことも、活動を広めるうえで大切だと感じている。

＊3　夜回りに参加しつづけられた理由

中高生で夜回りに飽きもせず通えた理由のひとつに、「人間くささ」を直《じか》に感じられたことがある。中高生というと、学校か塾か家かという非常に限られた空間の中で、人間関係に悩みながら同じような毎日を過ごしがちだ。それが夜回りに参加して、支援団体の人、ボランティアに来た人、そして、おっちゃんたちと多様な人に出会えた。生の人間のやりとりを見たことがとても新鮮だった。

たとえば、肝硬変を患っているのに、アルコール依存症のためにお酒がやめられないおっちゃんに、怒るでもなく、話を聞きつづける支援者の姿。「こんなに話を聞いてくれるんはあんただけや」と涙を流すおっちゃん。まるで、テレビドラマを見ているかのような泥くさいやりとりがそこにはあった。

自分がいつも通る通学路のすぐそばに知らない世界が広がっていた。行くたびに驚きと発見があった。そんな知らなかった世界にも

COLUMN 02

＊1　思考停止を招く「自己責任」という言葉

自己責任という四字熟語は、とても便利だ。「それ、自己責任だよね〜」。そんなひと言で自分には関係ない問題だと思い込むことができ、ホームレス問題を片づけた気になってしまうからだ。しかし、「家がない」という共通項はあるものの、そうなるに至った理由は千差万別で、社会構造が要因で困窮状態に陥っているケースも多い。そう考えると、ホームレス問題というのは、決して自己責任という言葉だけでは割り切れないし、自己責任かそうでないかの二項対立で考えるのは無意味だ。

たとえば非正規雇用の問題。今の日本経済を回していくには非正規雇用はなくてはならない労働形態であるにもかかわらず、それによって困窮している人がいるのも事実。非正規雇用という仕組みによって恩恵を受けている部分が誰しも少なからずあるはずなのに、ホームレス状態に陥った人に対して自己責任という言葉で片づけてしまうことに危険性を感じている。

思考停止に陥らず、問題の構造を見抜けるか。そうなってしまった背景にまで思いを馳せられるか。社会構造の複雑化が進む今、ますます気をつけないといけないことだと思う。

＊2　知る機会は、能動的につくる

現代において、知る機会というのは山ほどある。スマホの画面を指で下から上になぞるだけで、SNSのタイムライン上にはいろんなニュースがある。便利な半面、危険な側面もある。何かを「知った気」

通ううちに知り合いも増え、いつの間にか夜回りそのものが、家でも学校でもない、私自身のサードプレイスになっていったのだと今は思う。

＊4　ボランティアについて

ホームドアでは、ボランティアで活動を支えてくださる人を募集するため、ボランティア登録制度を設けており、1000名以上の登録がある。中には、相談ボランティア養成講座を受講し、テストを受け、相談を専門とするスタッフとして活躍してくれている人もいる。

ボランティアに初めて参加した中学生のときの私は、偽善者がやることじゃないのかと、ボランティアにはあまりいいイメージはなかった。だが、ボランティアに来てくださる方々のおかげで活動が成り立っている今となっては、参加動機はなんであれ、とてもありがたい存在だ。加えて、ボランティアという機会を通じて、新たにホームレス問題に出合う人を増やせるので、積極的に、広くボランティアを受け入れる環境をこれからも用意していきたい。

第3章

ニーズの代弁者になれるか

――大学生で立ち上げた「ホームドア」

ホームレス問題に〝熱心〟な大学へ

夢の絵を描いたのがちょうど高校3年生という進路選択の時期だったので、せっかくならホームレス問題が学べる大学に行こうと思い立った。

そこで、当時読んでいたホームレス問題に関する論文の執筆者の所属大学を調べると、あるひとつの大学に、やたら研究者が集まっていることに気づいた。それが大阪市立大学だった。近所にあるし、公立で学費も安いし、成績も合格圏内だし、すべてがぴったり。結果、無事に入学をすることができた。

大学には、ホームレス問題に関心がある人がたくさん集まっているんじゃないかと期待に胸を膨らませて入学した。しかし、冷静に考えればわかったことだが、そういう子がいるはずもなく、ホームレス問題への意識も薄れていき、私自身もキャンパスライフを謳歌する方向に走った。

まず、ホームレス問題ばかりに携わっていると視野が狭くなってしまうのではないかと思い、国際協力系のサークルに入った。ホームレス問題に出合う前は、そもそも、そういうことがしたかったこともあり、漠然とした未練をこのまま抱えているのもよくないと考えたのだ。さらに、バスケサークルと、ピアノを習っていたのでジャズサークルにも友達に誘われるがままに入会した。

3つのサークルの掛け持ちに加えて、夜勤の介護バイトや塾講師、飲食店のホールスタッフとアルバイトも3つ掛け持ちしていた。さらに、私がボランティア親善大使に選ばれた「ボランティア・スピリット・アワード」で出会ったKくんに誘われて、農業系のNPOにも入会し、スケジュール帳は毎日びっしり埋まっていった。そして通学に新今宮駅を通らなくなり、ホームレス問題にはたまに夜回りに参加するくらいで関わりが薄れていった。

大阪市立大学入学式の様子（写真左が筆者）

「このままでいいの？」——環状線をぐるぐるしながら考えた

大学2年生になった4月、農業系NPOの会合の帰り道、Kくんと大阪環状線に乗っていたときのことだった。

急にKくんは私に問いただした。

「川口さんは、このままでいいの？」と。

Kくんは、ホームレス問題に一直線だった高校時代の私を知っているからこそ、今の私を見ていてもどかしさがあったようだ。

「みんなが親善大使になりたかったなかで、川口さんが親善大使に選ばれた。それなのに、なんで今、違うことしてるの？　親善大使の経歴がもったいない。14歳でホームレス問題に出合ったのだって、みんながみんな、出合えるわけじゃないんやで。俺やったら、そのストーリーを活かして、いろんなことやるのに」

ただ、そう言われても、私の中でひとつ思うことがあった。

中学・高校と活動するなかで、私にはいろんな力が不足していると実感していた。だからこそ、大学時代に知見を広め、社会人も経験して、能力を身につけて、30歳くらいになったら再びホームレス問題に取り組みたいなと考えていたのだ。

だがそれをＫくんにぶちまけると、反論が返ってきた。

「30歳になってからやろうなんて、先延ばしにしてるだけでどうせやらん。大学生だからってできないことはない。むしろ大学生だからこそできることがあるはず。とりあえず、大学生活の残り3年間、できるだけのことやってみたらええやん。それでできなければ、なんの能力が足りていないか把握できるわけやし。それをもとに社会人でその能力が得られるようにがんばったほうが効率ええで！　今やることに、損はない！」

至極合理的でまっとうなご意見。どう論破すればいいかわからず、

「いや、でも、何をやったらいいかわからんし……」

苦し紛れにそう言うと、

「大丈夫。俺、社会起業の勉強してるから」

「え？　社会起業？」

聞き慣れない言葉に聞き返すと、ドヤ顔で教えてくれた。


「社会起業っていうのは、社会問題を解決するために、ビジネスの手法を用いて持続可能な形で起業することやねん。たとえば、マザーハウスの山口絵理子さん、知ってる？　バングラデシュの貧困問題を解決しようと、『途上国から世界に通用するブランドをつくる』をコンセプトに、バッグやサイフをつくって、バングラデシュの人をたくさん雇っている会社とかもあんねんで。あとは、TABLE FOR TWO（テーブル・フォー・ツー）なんかもそう。学食に置いてるやん？　健康にもいいテーブル・フォー・ツーの定食を食べると20円が発展途上国に寄付され、それが1食分の給食になる仕組み。それに、ホームレス問題やったらイギリス発祥のビッグイシュー【*1】なんかもそう。そういう会社立ち上げよう！」


こう見えても腰が重い私は、それでも気が進まない。

「ビッグイシューがあるんやから、それを手伝えばいいやん？」

と返事した。すると、

「いやいや、いろいろな団体があって、たくさんの職種があったほうが、ホームレスの人たちも、選択肢が広がるわけやし、働く機会が増えるんちゃう？」

確かにその通りだなと思い、何も言い返せずにいると、いつの間にか、私の自宅の最寄り駅は通り過ぎてしまい、懐かしの新今宮駅まで来ていた。久しぶりに見る光景だったが、やはり何も変わっていなかった。


確かに、すでにいろいろな支援団体がある。でも、そこに私たちが加わることで、おっちゃんたちにも選択肢がひとつ増えるかもしれない。それだけでもいいんじゃないか。なんだか前向きになってきた。何より、もうKくんを論破する意見が思いつかない。Kくんがビジネス的な部分は担当してくれるというので、ホームレス問題に関する知識の提供を私がするという役割分担で、「何かをやってみよう」ということがとりあえず決まった。気づいたら、大阪環状線を3周していた。

3人で団体を立ち上げた

何かやろうとは言ったものの、「じゃあ何するの？」という大切な問題が残されていた。

Kくんは「とりあえず仲間集めや」と、Kくんの大学の友達のAちゃんを連れてきた。

「Aちゃんも社会起業に興味あったみたいやから誘った」とはいうものの、Aちゃんはすごいふんわり系で、これは私同様、Kくんの誘いを論破できなかったからに違いないと察した。

まずは、ホームレス問題や起業について勉強しようということで、大量の本がKくんから配られ、週1回のミーティングまでに必死に読んでは本の感想をシェアするというのを3か月続けた。

そんなある日Kくんから呼び出された。NPO法人ETIC.（エティック）【＊2】が主催する社会起業塾に入塾したいと言い出した。

「え？　社会起業を教えてくれる塾があるの？」

とAちゃんと驚いていると、有名だと言われる社会起業家たちはみんなここの出身らしく、ここに入ったら間違いない、社会起業家の登竜門なんや、とKくんは言う。しかも、起業の方法を教えてくれるだけではない。入塾すると起業支援金30万円と、起業塾のスポンサーでもある日本電気株式会社（NEC）から同社のパソコンまでもらえるそう。ただし、もちろんビジネスコンテストとして審査があるようで、倍率も高いそうだ。

何をするかもまだ決まっていないのに、学生の私らが応募しても、受かるわけがない。

私とAちゃんは及び腰。すると、

「俺が応募用紙書くから。応募するだけしてみて損はない。応募はタダや。失うものは何もない」

とKくんはしきりに言う。結局、またもやKくんに論破され、3人で応募してみるだけしてみようということになった。

ホームドア誕生——失敗した人を受け止める社会をつくる

Ｋくんが応募用紙をだいたい書き上げてくれたが、２つ決まらないことがあった。

代表者と団体名だ。

実績がないという審査に不利な状況で、ビジネスコンテストで少しでもポイントを稼ぐには、14歳からホームレス問題に携わっているという私の経歴を前面に押し出すしかなく、私が代表ということになった。もちろん起業なんてしたことないし、リーダー経験はボランティア部の部長のみ。代表がつとまる自信はまったくないと渋っていると、Ｋくんから「ビジネス的な部分は俺が全部やるから、名ばかりの代表でいい」と説得を受け、しぶしぶ了承した。

問題は団体名だった。どれだけ話し合ってもいいアイデアは出てこず、応募締め切りが迫ってきた。もうホームレス問題研究会で応募しようと思っていた矢先のことだった。会議が行き詰まって、私が携帯でウェブニュースを見ていたら、あるひとつの記事が目にとまった。

「ホームドア、設置始まる」

いつの間にか声に出していたようで、そうタイトルを読み上げると、２人が「それだー!!」と叫んだ。

「ホームドア、ええやん！　ホームレスの人が家に入る扉の役割を担おう！　ぴったりやん！」

そう言われて、確かにいいなと私も思いはじめた。ホームレスの人は、単に物質的な家、「ハウス」がないだけでなく、心の居場所となる「ホーム」も失っている状態だ。誰もが「ただいま」と帰ることのできる温かいホーム、居場所を提供する入り口の役割を担えたらと思った。

しみじみ、この団体名やったらビジョンも表現できていいなと浸っていると、

「で、ホームドアってなんなん？」

ホームドアのロゴ

と聞かれた。私は急いでウェブニュースの続きを読み上げた。

今では、駅で見かけることも多くなった、プラットフォームからの転落防止柵であるホームドア。目が見えない人や酔っ払いの人の転落事故を防ぐため、ホームドアの実験的な設置を始めるという記事だった。駅にそんな柵がつくようになるんだと驚きつつも、これもまたぴったりだなと感じた。

人生というプラットフォームから転落して、ホームレス状態になってしまいそうなとき、そうならないよう、私たちは最後の最後の砦、人生からの転落防止柵でありたい。

そんな2つの思いを込めて、Homedoor（以下、ホームドア）と名づけた。Kくんがデザインもちょっとできるというので、ロゴマークも作成してくれた。

起業塾に史上最年少で入塾

団体名も決まり、無事に応募が完了した。数週間後、１次の書類審査に通過したようで、２次審査に来てくださいと連絡が届いた。ところが、大切なことを見落としていた。起業塾が開催されるのは、東京。つまり、審査に行くにもお金がかかるのだ。応募するのもタダじゃないやんと思いながら、貧乏学生でお金もないのに、どうやって東京に行こうかと迷っていると、夜行バスよりも安い移動手段を発見した。それが、ライドシェアサービス、いわゆる相乗りだった。

車で移動する際、座席が空いていたらウェブで相乗り希望者を募集するというもの。なんと、審査会の前日に大阪から東京に行く人が、２０００円で募集をかけてくれていた。ただ、未成年者が３人、東京行きに申し込んできたので家出じゃないかと怪しまれながらも理由を説明し、乗せてもらえることとなった。そうしてなんとか、審査会場にたどり着いた。

おのぼりさんのごとくキョロキョロ周りを見渡す落ち着きのない私たちと違って、起業塾の応募者はみな、余裕の表情。それもそのはずで、同じ大学生なのにビジネスコンテストにもいろいろ出ているというオンライン手話通訳の仕組みをつくっている人（株式会社シ

審査会の様子（プレゼンしているのが筆者）

ユアール代表取締役の大木洵人さん）や、アメリカで就職人気ランキング1位になったというNPO法人「ティーチ・フォー・アメリカ」を日本でもやりたいという人（ティーチ・フォー・ジャパンのファウンダーである松田悠介さん）、一流企業に勤めながらもすでに起業している人。とにかく、すごい人たちばかりで萎縮した。

審査会ではひとり10分の持ち時間でプレゼンをしていく。プレゼンなんてしたことないけど、一応、私が代表ということで、セリフを覚え、ガチガチに緊張しながら必死に発表。

結果、なんと、史上最年少で起業塾に合格。

大阪人としてのアイデンティティを発揮しようと、プレゼンの冒頭から「緊張でトイレに行きたいんですけれども、我慢しながらプレゼンします」と言って、笑いを取れたのがよかったのかもしれない。実は、塾長が大阪出身だったのだ。

郵便はがき

料金受取人払郵便

渋谷局承認

2087

差出有効期間
2025年12月
31日まで
※切手を貼らずに
お出しください

150-8790

130

〈受取人〉
東京都渋谷区
神宮前 6-12-17
株式会社ダイヤモンド社
「愛読者クラブ」行

本書をご購入くださり、誠にありがとうございます。
今後の企画の参考とさせていただきますので、表裏面の項目について選択・ご記入いただければ幸いです。

ご感想等はウェブでも受付中です（抽選で書籍プレゼントあり）▶

年齢	（　　　）歳	性別	男性 ／ 女性 ／ その他
お住まいの地域	（　　　）都道府県 （　　　）市区町村		
職業	会社員　経営者　公務員　教員・研究者　学生　主婦 自営業　無職　その他（　　　）		
業種	製造　インフラ関連　金融・保険　不動産・ゼネコン　商社・卸売 小売・外食・サービス　運輸　情報通信　マスコミ　教育 医療・福祉　公務　その他（　　　）		

DIAMOND 愛読者クラブ メルマガ無料登録はこちら▶

書籍をもっと楽しむための情報をいち早くお届けします。ぜひご登録ください！

- 「読みたい本」と出合える厳選記事のご紹介
- 「学びを体験するイベント」のご案内・割引情報
- 会員限定「特典・プレゼント」のお知らせ

①本書をお買い上げいただいた理由は？
（新聞や雑誌で知って・タイトルにひかれて・著者や内容に興味がある　など）

②本書についての感想、ご意見などをお聞かせください
（よかったところ、悪かったところ・タイトル・著者・カバーデザイン・価格　など）

③本書のなかで一番よかったところ、心に残ったひと言など

④最近読んで、よかった本・雑誌・記事・HPなどを教えてください

⑤「こんな本があったら絶対に買う」というものがありましたら（解決したい悩みや、解消したい問題など）

⑥あなたのご意見・ご感想を、広告などの書籍のPRに使用してもよろしいですか？

1　可　　　2　不可

※ご協力ありがとうございました。　【14歳で"おっちゃん"と出会ってから、15年考えつづけてやっと見つけた「働く意味」】111215●3110

「先輩から学べ」「ニーズの代弁者たれ」——基礎となった2つの教え

社会起業塾に入塾すると、まず2つのことを塾長であるIIHOE（人と組織と地球のための国際研究所）の川北秀人さんから言われた。

「先輩から学べ」

「ニーズの代弁者たれ」

この2つだ。

「先輩から学べ」

私たちなんかがやろうとしていることは、絶対に誰かもやろうとしていたことだし、誰かがやっていることかもしれない。すでに問題解決に取り組んでいる先輩から学ぶことが、問題解決への近道であるということ。あわよくば、その先輩も協力者として巻き込むこと。

「ニーズの代弁者たれ」

起業というのは自分がやりたいからやる、となりがちだが、社会起業は違う。誰かのために起業する。自分の考えでやるのではなく、誰かのニーズを代弁する立場として活動しないと意味はないということ。

そうビシッと言われて身が引き締まる思いだった。そこで早速先輩から学ぼうと、すでにホームレス支援をされている支援団体をリストアップして、メールや電話で訪問させてほしいと連絡した。ところが、

「大学生で何かやろうなんて、どうせ就職活動まででしょ？」

「卒論書くためなんじゃないの？」

と言われ、全然取り合ってもらえない。だがアプローチするうちに、団体の人たちも過去に散々、大学生に情報提供するために時間を割いてきたにもかかわらず、一切結実しなかったということがわかってきた。

それに、普段の支援活動で忙しくしているところに、見ず知らずの学生が急に話を聞かせてほしいなんて厚かましい気もした。そこで、別の方法を考えた。

それは、その団体の活動にボランティアで参加してみることだ。猫の手も借りたいほどの現場も多いはずだから、ボランティア参加はウェルカムだろうし、どんな活動か体感できて勉強にもなるし、隙あらばその場で団体の人に話を聞けると考え、手分けしてさまざまな団体のボランティアに申し込んだ。

しかし、ボランティアとして何日か通い、私たちのことを知ってもらったところで、「ホームレス問題で何か起業しようと考えている」と言うと、みるみる目の色が変わった。

「あなたたちが考えているような甘い世界ではない」
「どうせすぐやめる」
「始めたからには責任があるんだからね」
「おっちゃんたちをビジネスに使おうとしている」

そう言って話をシャットダウンされてしまうと、相談どころか何も聞けない。ボランティアに参加してみて、肌で感じるところは多々あったので参考にはなったが、協力はしてもらえそうになかった。

ボランティア作戦が失敗に終わり、次に思いついたのが、私の通う大阪市立大学の授業の活用だ。その授業は、労働問題特殊講義というオムニバス形式の授業で、さまざまな専門家が週替わりでやってくる。この授業の担当教授である福原宏幸先生がホームレス問題を研究しているということで、毎週やってくる専門家のほとんどは、ホームレス支援団体の代表者だった。そこで、毎週その授業に出ながら支援団体の人に次々と話を聞いてもらう、というとっても楽な方法を思いついたのだった。

ボランティア作戦ではシャットダウンされてうまくいかなかったが、講師というのは、熱心に授業を聞いて質問をしてくる学生は大好物だ。授業への質問のような感じで、

「当事者の人にこういうニーズはないのか？」

「こういうビジネスモデルはどうか？」

と聞きまくった。

実は大阪市立大学にはこのような授業が3つほどあり、質問はできるし、単位ももらえるし、我ながら、とってもお得な環境に身を置いていると改めて気づいたのだった。

次に、「ニーズの代弁者」になるべく、当事者からヒアリングしようと思い、アンケート用紙を作成し、釜ヶ崎で道端に寝ているホームレスの人に片っ端から声をかけていった。

「今、ホームレスの人たちからお話を聞きたくて回っているんですけど……」
「なんや、お前ら大学生か！　どうせ卒論のためやろ！　帰れ！」

そう言われてしまい、どのおっちゃんもなかなか話は聞かせてくれない。それもそのはず。見ず知らずの大学生がアンケート用紙を片手にやってきたって、警戒して話をしようと思ってくれるはずがない。答えてくれたとしても、関係性のないなかでの回答は結局表面的なもので、本心ではない。

ニーズの代弁者になるにはどうしたらいいかわからず、途方に暮れた。

モーニング喫茶で心を開いてもらい、ニーズを吸い上げる

どうやって、おっちゃんたちから本音を聞き出そう。私たちは、アンケートでの失敗から、おっちゃんに話しかけるのも躊躇するようになっていた。

大学2年生の夏休み、人や企業をつなぐネットワークをつくり、大阪を元気にしたいと活動している施治安《せはるやす》さんを紹介してもらった。行き詰まっていることを相談すると、施さんの知り合いの女性が釜ヶ崎でカフェのオーナーをやっているというので、何か活動にアドバイスをくれるんじゃないかと紹介してくれた。

そのカフェのオーナーさんは親身に話を聞いてくれて、ひとつ提案をしてくれた。オーナーさんが妊娠中でカフェを開ける時間が限られているそうで、モーニングの時間帯である7時から10時の間、モーニング喫茶をやってみないかと言ってくれたのだ。というのも、ホームレスの人は、先述の通り昼夜逆転の生活を送っている。ひと晩中缶集めをし、朝方に換金してそのお金で朝ご飯を食べ、昼間に仮眠をとるからだ。

モーニングで安くてボリュームのあるものを提供すれば、缶集めを終えたあとのホームレスの人たちにたくさん来てもらえるはず。その人たちと仲よくなれば、本音を聞き出せるんじゃないか。二つ返事で、ぜひやらせてくださいとお願いした。

KくんとAちゃんと私の3人で、ローテーションを組んでモーニング喫茶を釜ヶ崎で行うこととなった。300円で洋食か和食かを選べ、洋食なら食パン、卵料理、コーヒー。

和食なら、ご飯、味噌汁、卵料理、コーヒーだ。この内容なら普通はこの地域だと400円以上はするので、開店早々、お客さんがやってきた。釜ヶ崎にいるのはホームレスの人や日雇い労働者がほとんど。だから常連のおっちゃんたちもそういう人が多く、毎朝顔を合わせることで私たちがどんなことをしたいのか知ってもらえ、次第にいろいろなアドバイスをくれるようになった。

モーニング喫茶の様子（写真左が筆者）

「言い出しっぺ」の離脱
——チームに漂い出した暗雲

ところが、これはいけそうだと思いはじめた矢先、ひとつ問題が発生した。

あるおっちゃんが、この間、8時に来たらモーニング喫茶が開いていなかったというのだ。そんなはずはない。すぐにその日の担当のKくんに聞いてみると、口を濁す。問いただすと寝坊したようで、しかもこれが初めてではないという。KくんとAちゃんの大学は、京都市の北のほうで、下宿先から釜ヶ崎まで1時間半ほどかかる。しかし、Aちゃんは遅れることなく誰よりも熱心に来てくれている。同じ条件なのに、Kくんがなかなか来ないことに、ふんわり系のはずのAちゃんが鬼の形相になっていた。

それもそのはず。Kくんの失態は遅刻だけではない。3人で分担したはずの社会起業塾から出された宿題をKくんはまったくやってこないのだ。そのうえ、経営は任せておけという割に、何もしない。口先だけなのだ。

そんな不穏な空気が流れていた矢先だった。その日もKくんは遅刻し、7時開店のところ、9時開店で始めたという。これに、Aちゃんの怒りは最高潮に達した。

「もうあんた、明日から来んでいい」

そう言うAちゃんの横で、私は困惑していた。そうは言っても、Kくんが社会起業をやりたいと言って始まったホームドアだ。Kくんがいなくなってしまったら、どうやって進めていけばいいのか、まったくわからないし自信もない。

結局、Kくんは Aちゃんに反論できなかった。皮肉なことに、誘われたときと真逆《まぎゃく》の状況。Kくんは苦し紛れに、

「俺は2人がホームレス問題に関わるきっかけをつくれてよかった」

と言い残し、ホームドアを去っていった。

残されたAちゃんと私。しばらくして、ハッと我に返ったAちゃんは言った。

「かなちゃんごめん。あまりにいらっとして、追い出してしまった」

COLUMN 03

＊1　ビッグイシューについて

ビッグイシューは、1991年にロンドンで誕生し、世界各地に広まったホームレスの人しか売ることができないストリートペーパー。ホームレスの人が販売者として登録すると、220円で雑誌『ビッグイシュー日本版』を仕入れることができる。それを450円で街頭販売することで、230円の収入を得ることができる。現在、102人が販売しており、これまでの登録者数は延べ1911人、卒業者は203人となっている(2019年9月末／ビッグイシュー日本公式サイトより)。

＊2　「NPO法人を支援するNPO法人」エティック

社会をよりよくしようと挑戦する若者や起業家たちを輩出することを目指すNPO法人。私たちが応募した社会起業塾以外にも、学生に向けた長期実践型インターンシップの運営、ソーシャルセクターの起業家に向けた研修や、ソーシャルセクターに特化した求人サイトの運営など、さまざまなプロジェクトを展開している。社会起業塾への応募を通じて私は初めてその存在を知ったが、エティックのように「NPO法人を支援するNPO法人」は全国各地に存在し、中間支援組織とも呼ばれる。その中でもエティックがすごいのは、企業や行政との連携が非常に強く、起業家の「生態系」をつくり上げているところだ。エティックとつながることで、事業の推進に必要な行政や企業の人を絶妙なタイミングでいつも紹介してもらえた。

第4章

2つの課題を同時に解決するアイデア
——シェアサイクル「ハブチャリ」誕生

取り残された覚悟のない2人

Aちゃんと2人になり、ますます立ち込める暗雲。ホームドアのすべてにおいて、Kくんがいる前提で物事を進めてきたのだ。Kくんがビジネス的なことをやってくれるから私はホームレス問題への経験と知識の提供だけで大丈夫、という考えがどれだけ安易なものだったのか。改めて思い知らされた。

人を見る目のない自分を恨んだ。団体を立ち上げたのだって、代表を引き受けたのだって、覚悟もないまま、Kくんに流されるままにやっていたということに、今さら気づいた。中途半端にホームレス問題に関わることだけはしたくなかったはずなのに、ここまでの状況を想定して、物事を引き受けていなかったことを心底、後悔した。しかし、時すでに遅し。

すでに、社会起業塾では私が代表ということで審査を受け、多数あった応募の中から私たちが選ばれているのだ。

審査会ではかなりもめたらしく、若すぎるのではないか、実績がないのではないか、事業案も固まっていないのではないかといろんな指摘を受けながらも、私たちを担当してくれた方がフォローしてくれて、なんとか合格させてもらったという話もあとから聞いていた。Kくんがいなくなったからといって、「やめます」なんてとてもじゃないけど言い出せなかった。やめる勇気もない私たちには、「やめない」という選択肢しかなかったのだ。改めて、社会起業塾で聞いた言葉が脳裏をよぎった。

「スタートアップというのは、誰もが途中でやめたくなります。でも、起業塾に入ると、やめにくくなるのです」

その通りだった。

Aちゃんは、Kくんを追い出した責任を感じたのか、Kくんがいなくなってどうしようかと途方に暮れる私にこう言った。

「私が2倍、モーニング喫茶するから」

そう言って、カフェのすぐ近所のホテルに泊まり込んでホテル清掃のバイトを始めた。下宿先から3000円の交通費をかけ往復3時間も電車に乗るより、近所に泊まれてバイトもできるし一石二鳥だと、身を削って働くAちゃんを見るのが、私には辛かった。

そこのホテルの社長はもともとバックパッカーだったらしく、海外で多く見かけた、ホテルに泊まり込みながら働く形態を日本でもやってみたかったそうだ。何より、ホームレス問題に対して何かしたいという私たちの心意気を買ってくれ、応援してくれた。

また、モーニング喫茶では中高生のときにボランティア部でホームレス問題に一緒に関わっていた後輩の松本浩美や、お客さんだったホームレスのおっちゃんが運営を手伝ってくれるようになっていた。

そのおっちゃんは最初、モーニング喫茶の看板を見て、これは安いとそのとき手に持っていた最後のお金で来店してくれた。それをきっかけに、カフェで求人を出しているのを見て、オーナーにここで働きたいと直談判し、働くこととなったのだ。お金が貯まるまでは、カフェの奥の和室スペースで寝泊まりすることとなり、毎朝、私たちがカフェのシャッターを開けると、その音におっちゃんが飛び起き、すごい寝癖ともじゃもじゃ髭のまま出てきてぎょっとする、ということがよくあった。そのうちに、どうせ起きたし、やることもないからと、モーニング喫茶を手伝ってくれるようになった。

そのおっちゃんは、難関国立大学の大学院を卒業したものの研究室での人間関係からうつ病になってしまい、研究室を飛び出し、釜ヶ崎にたどり着いたそうだ。私たちに対して、新しい研究対象が見つかったかのごとく、興味津々で何をしたいのかを掘り下げてくれ、当事者視点も交えつつ、論点整理を手伝ってくれた。

そんなやりとりのなかで、ホームレス状態に一度なると、そこから抜け出せない要因に、「負のトライアングル」があると気づいた。

「負のトライアングル」の発見
——絡まり合う3つの問題

「仕事」と「貯金」と「住まい」、この3つを手に入れなければ路上脱出は難しい。だが、それぞれが相関しているため、ひとりでの脱出は不可能に近い。負のトライアングルとは、この構造のことを指している。つまり、どれかひとつだけを手に入れようにも、他2つを

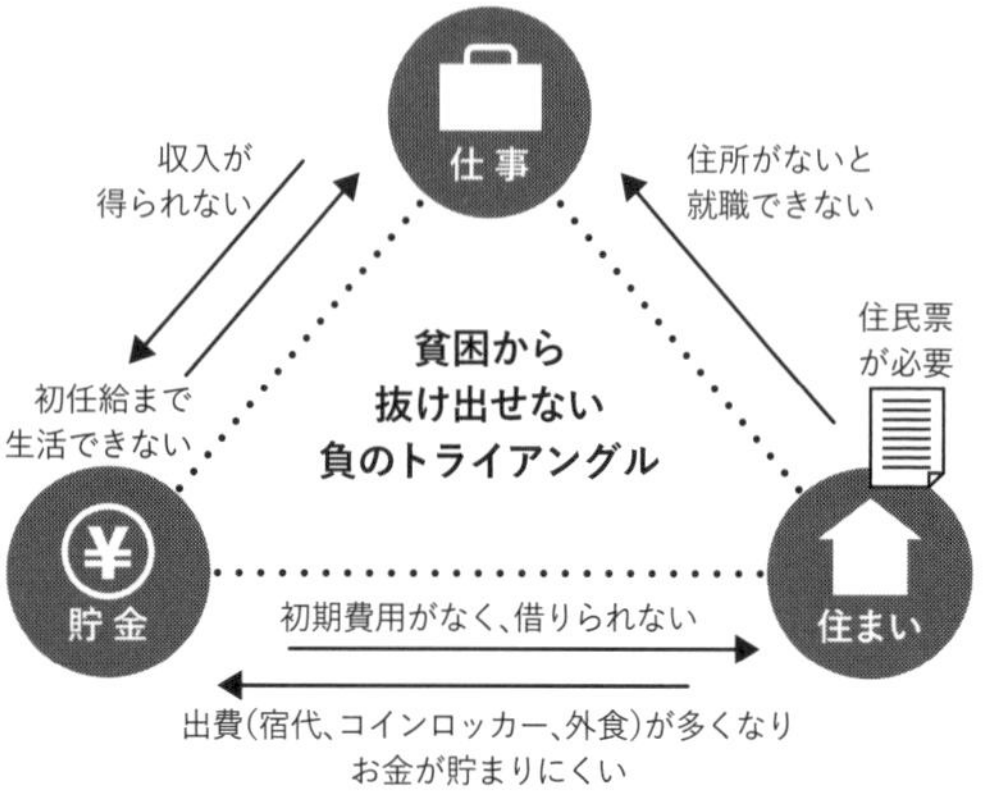

図1　負のトライアングル

そもそも持っていないと難しいという状態が3方向すべてに生じているということなのだ。それを図示すると、図1のようになる。

たとえば、ホームレス状態から抜け出すためには、もちろん「住まい」が必要になるわけだが、住まいを得るためには、「貯金」がないと借りられない。しかし、ホームレス生活というのはお金がかからなそうに見えて、実は出費が多い。それもそのはずで、必ず外食となってしまうわけだし、身なりを清潔にするためにコインランドリーやコインシャワー、銭湯を利用する人も多い。

ここで、「ホームレスの人は、身なりを清潔にしようと思っているの？」と思われる方もいるかもしれない。確かに、お金がまったくないときは、公園の水道を使って、タオルで体を拭《ふ》くことしかできないかもしれない。しかし、もし500円を持っていて、1週間お風呂に入っていなかったら、その500円を貯金するよりはまず銭湯に行きたいと思うものだ。同じように、3日間ご飯を食べていなかったら、まずはおなかいっぱい、ご飯を食べたいと思うだろう。最低限のことにお金を使ってから、初めて貯金する心の余裕が生まれるのだ。だが、お金が貯まらない限り家は借りられないし、家がないと余分にお金がかかってしまうという悪循環が生まれてしまう。

次に、「貯金」の面から考えてみる。貯金をするにはもちろん、働く必要があるわけだが、働くにもお金が必要だ。

3日間何も食べていない状態では働けないし、身なりもある程度は清潔にしなくてはいけない。交通費がかかることもある。

そして最大のネックは、携帯電話がないこと。第2章で述べた通り、面接に行っても採用通知を受け取る電話番号がないと働けないのだ。

さらに、日本の多くの企業では、給料は月末締め翌月末払いといった具合に、働いてもすぐに給料はもらえない。日雇いなどの一部の仕事はすぐにお金をもらえるが、そのような仕事は労働条件が厳しく、数年間働いていない高齢のホームレスの人が急に働くには体力がもたない。

そして「仕事」をするには「住所」が必要となる。年末調整の際に、履歴書に書いていた住所が嘘だとバレて、ホームレスは雇えないと解雇されたという人もいた。最近では、マイナンバーの提出が求められることも増え、ますます、仕事をする際の住所の必要性が高まっている。

また、会社によっては、給料の振込手数料を安く済ませるために、指定の銀行で新たに口座開設をするよう求めてくる場合もある。口座を開設する場合、簡易書留でキャッシュカードを受け取れる住所が必要になる。「住まい」がないと、口座開設もできないのだ。

さらに盲点なのが、「家を借りるにも家が必要」ということ。家を借りる際には、住民票や印鑑証明、身分証明書の提出が求められる。しかし、住民票が抹消されたホームレスの人は、もちろん提出できない。住民票をどこかに置こうにも、それには戸籍謄本などを取り寄せる必要がある。だが、実家があった市町村に置いたままの人も多く、取り寄せるのにもこれまた郵便物を受け取れる「住所」が必要なのだ。

まだある。家を借りるためには、ほとんどの場合、保証人、もしくは、緊急連絡先が必要となる。保証人や緊急連絡先になってくれる人とのつながりも必要になるし、保証会社との連絡には携帯電話が必要となる。

つまり、自力で路上から脱出することは不可能に近いのだ。

6つのチャレンジで「壁」にステップを刻む

そこでホームドアでは、この負のトライアングルという「路上脱出を阻む高い壁」をどんな人でも乗り越えられるよう、少しずつ少しずつ上れる階段、ステップにして提供しようと考えた。そのステップの中で、段階的に「住まい」「仕事」「貯金」が得られるような仕組みだ。

最初のステップとして、まずは落ち着いて過ごせる環境で生活基盤を立て直してもらえるように住まいの提供を行う。それは、ホームドアで用意する一時的に宿泊できる個室かもしれないし、その人の状況に応じて生活保護を利用してもらって住居を確保するという

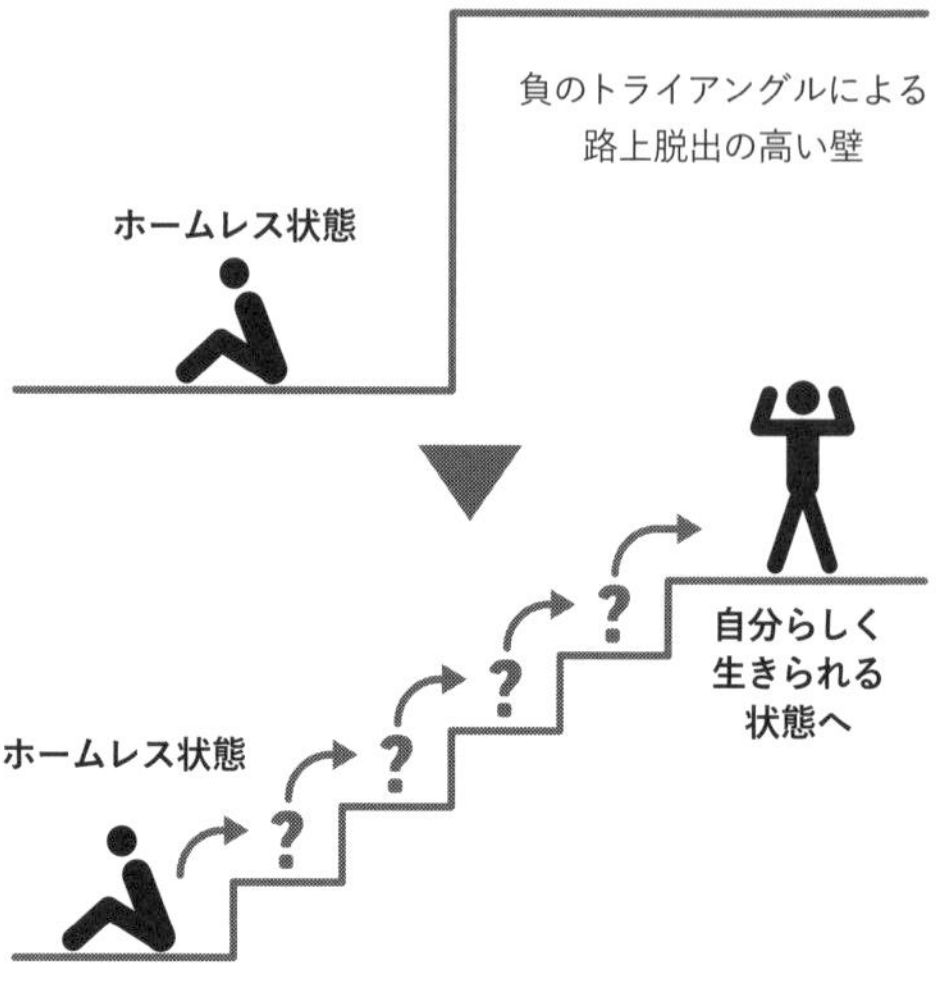

図２　ホームレス状態から脱出するためのステップ

形かもしれない。とにもかくにも、心身ともに落ち着ける環境の中で、今後どうしていきたいのかをじっくりと考える時間を最初に提供したいと思った。

その次のステップでは、「この支援」と固定せず、その人の状況に合わせて、さまざまな支援メニューの中からオーダーメイドで自由に支援プランを組み立てていくことを考えた。というのも、おっちゃんたちには、家がないという「共通項」はあるものの、ホームレス状態になった理由はさまざまだ。またその理由も、「複合的要因を抱える」と言われるが、これは文字通り複数の要因が複雑に絡み合っている、ということであり、この支援をやれば間違いないというものはない。

だからこそ私は、サポートメニューが多種多様であればあるほど、路上脱出の確率が上がるような気がした。

そして、大切なことはこのステップに正解はないということと、決してこのステップに当てはめようと考えてはいけないことだ。私たちはホームレス状態にある人をゼロにしたいわけではない。ホームレスの人の中には、「もう、死ぬまでホームレスでいい」と諦めてしまっている人も確かにいるし、まだ、路上を脱出しようと奮起できていない人もいる。そんな人たちに、「あなたの状態は間違っている。ホームレス状態から脱出しましょう」と強硬的な姿勢で接するのではなく、「路上から脱出したいと思ったときに脱出できる選択肢があります」と認識してもらっておくだけでいいと思った。

このステップを刻んでいく支援フローを、ホームドアでは「6つのチャレンジ」と呼んでいる。これは、今でもホームドアの中核をなす理念となっている。

「働くということ」自体がハードルに

6つのチャレンジで提供したいさまざまな支援メニューの中で、まずは仕事の提供を行おうと考えた。学生である私たちに最初のステップである住まいの提供は難しいように感じ、大きく、最初の5年は仕事づくりを行い、次の5年で住まいの提供を行おうというざ

ホームレス状態にある人を取り巻くさまざまな状況
失業
住居喪失
・職を失った
・貯金が底を突いた
・住居や連絡先がない
・頼れる人がいない
・支援制度を知らない
・離職期間が長い
01
届ける
深夜営業店舗の店内ポスター
WEB広告・バナー
昼回り・夜回り
02
選択肢を広げる
アセスメント(初回相談)
住まいの提供
他機関との連携
03
“暮らし”を支える
居場所づくり
健康サポート
食堂の実施
04
“働く”を支える
仕事の提供(自主事業/受託事業)
一般就労移行
金銭管理サポート
05
再出発に寄り添う
引っ越し・見守り
就労定着
卒業生サポーター
06
伝える
講演・ワークショップ
路上生活者調査

図3　ホームドアの「6つのチャレンジ」

つくりした10年計画を立てた。

よし、まずは仕事づくりだと考えてはみたものの、どんな仕事がいいのかまったく浮かばない。そもそも、仕事といっても私自身がバイトしかしたことがなく、働くことへのイメージすら全然湧かなかった。

どんな仕事をつくればいいのか、八方塞がりでさっそく行き詰まった。そのとき、あの言葉を思い出した。

「ニーズの代弁者たれ」

おっちゃんたちはどんな仕事をしたいんだろうか。モーニング喫茶に来るお客さんに聞いていった。

「普通の仕事なんて、しばらくやってないからなぁ。何したいんかわからんわ！」

「わしなんかが、働けるんかなぁ。自信ないなぁ」

「うーん、肉体労働はもうトシやしカラダがついていかんわ。それ以外はなぁ……」

まったくヒントにならなかった。ただわかったのは、長年、働いていない人にとって、「働くということ」自体がハードルになっているということ。稼ぎのよくない缶集めではなく、何か他の仕事をしてみたい。しかし、ずっと缶集めか肉体労働しかしてこなかった自分に、果たして他の仕事ができるのか。そんな不安から、諦めモードになっている気がした。

「得意」を活かしてビジネスをつくる

このハードルをどう取り除けばいいのか。人がハードルを感じないときってどんなときだろうと考えた。

楽しいとき。
やったことがあることをするとき。
いつもやっていることをするとき。
得意なことをしているとき。

そうだ、いつもやってて得意なことをしてもらったら、少しは働くことへのハードルを低くできるんじゃないか。

「これなら、わしにもできる」

そんなふうに思ってもらえる仕事を探そうと考えた。

そこで次の機会に、おっちゃんたちに得意なことを聞いてみた。

「得意なこと、なんですか？」

「歌なら得意やで。聞くか？」

「いや、いいです……」

「なんか、得意なことってあります？」

「うーん、得意なことって特にないけどなぁ」

「まぁそう言わず。なんかないですか？」

「いや〜、そう言われてもなぁ」

そう謙遜するおっちゃんの横にある、缶がたくさん積まれた自転車がふと、目に入った。

「あ、缶見つけるの早いとか？　物をたくさん積んで自転車こげるとか？　ほら、自転車こぐの速いとか？」

「まぁ缶はなぁ、毎週コース決まってるから見つけるも何もなぁ。ただ、せやな。愛車のベンツ（注：自転車のこと）はこぎやすいし、たくさん積めるようにしてるからなぁ。もうこいつとは5年の付き合いや。ベンツの手入れはかかしたことないで」

そう言いながら、何キロも缶を積めるように、荷台をスチールラックの棚板で拡張したベンツをさするおっちゃん。

「缶をたくさん集めよう思って長距離走ると、ベンツもパンクしたりチェーン外れたりするなんてしょっちゅうや。そのたびに、わしが修理してやるんや」

「自転車修理って、缶集めしてる人らみんな自分でするん？」

「そら当たり前や。1日の稼ぎが1000円くらいやのに、パンク修理に500円出してたら赤字やで」

赤字の使い方が合っているかどうかは微妙だが、「確かに！」と納得させられた。他のおっちゃんにも聞いていくと、7割近くのおっちゃんが、自転車修理やったらできると答えた。

おっちゃんたちの自転車修理技術を活かしてビジネスをしよう、少しだけ方向性が見えてきた。

放置自転車という別のイシューに行き当たる

自転車修理技術を活かしたビジネスってなんだろう。

私自身も自転車にはよく乗ってきた。しかし、今まで自転車について深く考えたことはない。とりあえず、「自転車」を知るしかないとひたすらググりまくった。「新今宮」で検索していた頃からあまり進歩がない。

すると、もう20年近く、大阪市の放置自転車の数は全国でトップクラスに多いという記事がやたら出てきた。確かに、駅前には自転車があふれていて通りにくいし、撤去されてもアクセスしにくい保管所まで取りに行く人も少ない。それに、愛着があったり、高級な自転車であったりしない限りは、わざわざ保管料を払ってまで自転車を引き取りに行くより、近所の自転車屋で5000円くらいの中古自転車を買うほうが合理的。

——じゃあ、その大阪市に大量にあるという放置自転車を使って何かできないかな？

——放置自転車って誰も引き取りに来なかったら、その後どうなるんだろう？

さらに調べを進めると、保管期限が過ぎたほとんどの自転車は、どうやら、数百台、数千台単位で入札され、リサイクル業者が購入するようだ。入札後、盗難車両の可能性もあるということで、半年くらいの防犯登録の照会期間があり、それが過ぎると、状態のいい自転車はリサイクルされ、状態が悪いものはアジアの国々に輸出され、鉄くずになるという。入札価格自体はとても安いようだが、問題は引き取った自転車を照会期間の半年間、保管しておかなければいけないこと。広大な倉庫や大きなトラックが必要になる。それらを固定費として抱えるのは、今の段階では無理だろう。ビビりの私には、極力お金をかけずに、そして資産を持たずにビジネスをスタートさせたいという思いがあった。

ビジネスアイデアはまとまらなかったが、まずは私たちも修理できるようにならないといけないという思いから、中古自転車屋に修行がてらバイトに行くようになった。ただ、一朝一夕で身につくものでもなく、無駄に時間ばかりが過ぎていく。

「仮想理事会」でボコボコにされながら

そうこうしている間にも、社会起業塾では2か月ごとに、仮想理事会（VBM）を東京で開催しなくてはならず、大した進捗を報告できない私たちには、厳しい質問ばかり浴びせられた。

ちなみにこの仮想理事会という仕組みだが、これがまた秀逸で、将来的に理事・役員になってほしいような人に、仮でいいから理事になった気持ちで、塾生たちの事業にアドバイスをしてもらうというものだ。仮想理事にはこういう人がいいんじゃないか、と起業塾側も名だたる企業の社長さんのリストの中から候補者を提案してくれる。メールを送ると、仮想だったらまぁいいかと無償で協力してくれる人もいるのだ。アドバイスをする人も、最初は、仮に理事だったらという思考でアドバイスをくれるわけだが、こうしたほうがいいと言った手前、それがどうなったのか、その後の進捗も見守ってくれ、いつの間にか事業に巻き込まれているのだ。

仕組みとしてはすばらしいが、当時の私にとっては苦行でしかなかった。

毎回、なんの進捗もないため、何を報告していいかわからないし、そのために資料を作成するわけだが、ろくに書類もつくったことのない学生のため、東京行きの夜行バスの中でも必死に作成し、朝早く東京に着いてからもマクドナルドで作成を続ける。結局、ぎりぎりになって会場近くのコンビニで高くついてしまうが仕方ないと資料を印刷する、そんなことを毎回繰り返していた。

とりあえず、仮にでも事業を定めなければ……。しかし、もう頭はパンク状態。何も考えられず、安易に、放置自転車をリサイクルして販売することを考えた。つまり、よくある中古自転車屋だ。ただ、それだと「なんのひねりもない」と仮想理事会で怒られそうだし、よくある事業を私たちがやる意義もあまりないと感じた。そこで、リサイクルした自転車をペイントして、デザイン性の高い自転車に生まれ変わらせるというアイデアも付け加えてみた。デザイナーとコラボして、放置自転車にデザインを施してもらっておしゃれな感じにしたら、買った人も愛着が湧いて大切にしてくれるだろう。万が一、放置して撤去されたとしても引き取りに行こうと考えるようになるのではないか。そもそも、撤去されたら困るからと駐輪場に停めるようになるんじゃないか。

名づけて「放置自転車×デザインプロジェクト」。なんとなく、これならいけそうかなというアイデアが出てきたところで、デザイナーの知り合いもいないし、まずは自分たちで自転車を修理して、自転車に色を塗ってみた。

ところが、いくらペンキを塗ってもうまくいかない。気泡が入ってブツブツになるし、色ムラはあるし……。そこらへんで買った安いペンキではダメで、「おしゃれ」にはほど遠い出来だった。それもそのはずで、自転車のボディカラーはそもそも、専門の工場で吹き付けるなどしてきれいに仕上げているわけで、それを自分たちで行うには限界もあったし、手間もかかった。

ボディカラーを変えられないならとりあえず、素材をよくするのはどうだろうと、カゴやサドルをおしゃれな部品に交換する方法を考えた。しかし、おしゃれなものというのは高くつく。これなら、最初からおしゃれな自転車を購入したほうが安いしきれいだという致命的な矛盾に気がついた。

さらに、放置自転車はすべて車種がバラバラ。車種ごとにデザインする、なんてことは採算の問題でできないし、画一的なデザインを施すこともできない。

こうして、私たちはまたふりだしに戻ってしまった。

ホームレスと放置自転車——2つの課題がつながった瞬間

事業アイデアは結局たいしたものが浮かばず、時間ばかりが過ぎていった。ホームドアを始めて8か月。2010年も終わりにさしかかろうとしていた。

ふりだしに戻ってしまったとはいえ、仮にでも事業を定めて動き出したのはよかったと思えた。でなければ、ずっと悶々と頭の中で考えてしまうだけだった。「放置自転車×デザインプロジェクト」はやらないにしても、それがゼロになったわけではなかった。プロジェクトをやろうと動き出す過程でさまざまな気づきがあったからだ。

たとえば、放置自転車を活用するよりは、予防するほうがいいという気づき。放置自転車は車種もカラーもバラバラで扱いにくく、鉄くずやリサイクル自転車として扱うには競合が多すぎる。放置自転車を活用してプロダクトをつくるより、放置自転車をそもそも生み出さない仕組みを考えるほうがいいのは当然のことだ。

そこで、自転車対策の取り組みについて調べてみた。ある資料には、自転車対策は4段階に分けられると書かれていた。

1. 駐輪場の増数
2. 駐輪場への駐輪喚起
3. 放置自転車の撤去
4. 自転車の活用（シェアサイクルなど）

最初の3段階で自転車が放置されないよう対策を講じ、自転車が適正に使われる環境ができたら、最後の4段階目で自転車を活用していくというものだ。そこにカッコつきで書かれた「シェアサイクル」という言葉に興味が湧いた。

シェアサイクルとは、あっちで借りて、こっちで返せるレンタサイクルの進化版で、電車、バスに次ぐ第3の公共交通になりうるシステムだという。調べていくと、どうやらフランスのパリで大流行しているようで、パリ市が公道上に300メートルおきにポートと

パリ市でヴェリブが展開している
シェアサイクルの様子

呼ばれるシェアサイクルの貸出・返却のステーションを数百か所という規模で設置したのだ。２０１１年の年間契約者数は24万人超というほど普及していた。その大成功を受け、ロンドンやニューヨークをはじめ、あらゆる大都市で広がっている。

たとえば、私が通っていた大阪市立大学は、最寄りのＪＲ阪和線・杉本町駅から徒歩ですぐだが、次に近い地下鉄御堂筋線・あびこ駅からは徒歩15分〜20分ほどかかる。御堂筋線は大阪の主要な駅である梅田駅、なんば駅を通る便利な路線のため、あびこ駅から通いたいという学生も多い。ただ、歩くには遠いため、「置きチャリ」をやる学生が続出していた。わざわざ、そのあびこ駅から大学の移動用に自転車を購入し、あびこ駅に駐輪場を借りて大学への移動に使うのだ。

それがもし、あびこ駅と大学にシェアサイクルのポートがあったら……。わざわざ自転車を買うこともないし、卒業後にその自転車が不要になることもない。さらに、駐輪場がいっぱいで停められないために、そこらへんに違法駐輪してしまうという事態も防げるかもしれない。

シェアサイクルというアイデアには、パズルのピースがピタッとはまる、不思議な感覚があった。ホームレス問題と放置自転車の問題を組み合わせるうえで、それまでずっと課題だと思っていたことがすべてクリアされるからだ。

シェアサイクルが決め手になった理由①
競合がいない

それまでの課題がクリアできると考えた理由のひとつは、競合についてだ。シェアサイクルを大阪でやっている事業者は当時ゼロで、競合他社がいない状況だった。競合ができるだけ少ない事業を手がけたいと思っていた私には好都合だった。

というのも、たとえば、ホームドアが手がけた事業がすごく儲かって、競合他社をつぶしてしまうと、そこでまたホームレス状態になってしまう人が現れるかもしれない。考えすぎかもしれないが、根本的にホームレス問題をなんとかしようと考えるなら、新規事業分野を創出するほうが趣旨に合っている気がしていたのだ。

シェアサイクルが決め手になった理由②
共感を得る

2つ目の理由は、協力関係の問題だ。今までホームレス問題をなんとかしたいといろいろな人に相談してきたが、日本ではどうしても自己責任論が根強く、なかなか、問題解決の必要性を感じてもらえず、共感を得るのは非常に難しかった。

実際に、ある中小企業の社長が財団を立ち上げ、ソーシャルビジネス【＊1】のスタートアップを支援したいということで、人から紹介されて会ったときのことだ。その社長は、私たちがホームレス支援に取り組んでいると話すと表情が曇った。その人自身、困窮家庭出身であり、苦労しながらも、一代で会社を築き上げたという自負を持っておられた。その人にしてみれば、自分はがんばってきたけれど、近い境遇のはずの彼らはがんばっていない。怠けているだけにしか見えない。彼らを認めるということは、逆境に負けずがんばってきた自分の誇りを揺るがすことにつながる気がしたのかもしれない。結局、ホームレス支援なんてやめたほうがいいと3時間近く説教されて終わった。

また、ある企業のＣＳＲ室の方に会ったときのこと。担当の方は非常に好感触だったので応援していただけるかと思いきや、後日、「上司に話したところ、会社のイメージを悪くしかねないから支援は難しい」と連絡があった。その会社は、ゴミ拾いや緑化活動、国際協力に精力的に取り組んでいた。

ホームレス支援はいわゆる、不人気分野なのだ。


そのようななかで、自転車問題の解決も同時に行うと銘打てるシェアサイクルであれば、少なくとも、自転車問題の解決に取り組んでいる商店街の方やビルのオーナーさんの共感を得られ、一緒に活動できるのではないかと思ったのだ。

シェアサイクルが決め手になった理由③
当事者が課題解決の担い手に

さらに3つ目の理由は、おっちゃんたちが自転車問題解決の担い手になれるという点だ。「放置自転車×デザインプロジェクト」では、どうしても、既存のリサイクル自転車と差別化するためにも「ホームレスの人が修理しました」とか、「ご購入いただくとホームレスの人の支援につながります」と宣伝をしなくてはいけなかった。

しかしそれでは、いつまで経ってもホームレスの人は支援される側となってしまうし、働くときも、自分がホームレス状態だから支援されていると認識しながら働くことになってしまい、それは居心地のいいものではないだろうと思った。

また、購入者もホームレス問題を解決したいと買ってくれる人が中心だ。それでは、顧客層が限られてしまうし、そもそもホームレス支援に関心を寄せる層は少ないため、顧客も少ないことが予想される。

しかしそれがシェアサイクルであれば、ホームレス支援のためにわざわざ自転車に乗りますという人も少ない。自分が使いたいから、便利だから使うのだ。それが、知らず知らず、使っているうちに、実はホームレス問題や自転車問題の解決につながっている。そもそも、どちらの問題にも関心がない層でも、シェアサイクルの利用を通じて、社会問題との新たな接点をつくれるかもしれないと思った。

「あ、これ、便利やから使ってたけど、ホームレスのおっちゃんたちが運営してたんや」

そんなふうにあとから知ったほうが、先入観なくファーストコンタクトを持ってもらえる。そのほうが偏見は解けやすいと考えた。

おっちゃんたちに「誇り」を取り戻す

シェアサイクルというひとつの事業の中で、おっちゃんたちに多様な業務を担ってもらえるのも魅力のひとつだ。貸出や返却の受付業務、拠点間の台数調整のための自転車の移動・再配置業務、メンテナンス・修理など。おっちゃんたちの中には、ひとりで黙々と作業したいタイプの人もいれば、誰かとコミュニケーションを取りたい人もいる。それに支援の段階に応じて、働きはじめは単純な作業をお願いして、徐々にステップアップして、難度の高い作業をお願いすることもできる。状況に応じた業務をお願いできるのだ。
そうして働くうちに、シェアサイクル事業を通じて、おっちゃんたち自身が自転車問題の解決の担い手になっていく。これは、おっちゃんたちの誇りを取り戻すことにつながるのではないかと考えた【*2】。

——支援される側から支援する側へ。

私たちのシェアサイクルが大阪中に広がって、市民や観光客にとってなくてはならないものとなったとき、今まで、街から排除される存在であったホームレスのおっちゃんたちが、街に必要な存在として、街の中でイキイキと働く。シェアサイクルへの取り組みを通じて、そんな日が来ることを夢見た。

大阪市役所でたらい回しに

シェアサイクルを大阪でやろう。

そう意気込んで、まずは大阪市にお願いに行った。写真で見たパリのように、御堂筋にシェアサイクルを置いてもらえないだろうか。知り合いのＮＰＯ仲間に大阪市の担当者を紹介してもらい、まずは話を聞いてもらえることとなった。

しかし、職員の方はとても好意的に話を聞いてくれはするものの、今ひとつ、乗り気ではない様子が窺えた。結果、「部署が違うしなぁ」ということで、今度は違う部署を当ってみた。そこでもまた、うちだけが担当するような話でもないし……となかなか話が進まない。

ふと気づいた。これがいわゆる「たらい回し」だと。

結局、行政と交渉した経験もない私は、その状態からどう話を進めていけばいいのかわからず、策が尽きてしまった。そんな私でも、このまま行政が動いてくれるのを待っていたら、ずいぶんかかってしまうことはわかった。

ただ、シェアサイクルをやるには、自転車の貸出・返却の拠点となるポートがないと始まらない。そのポートが多ければ多いほど、利便性は高まり、利用者数は増えるのだ。とはいえ、ポートの土地を借りるほどのお金の余裕は、もちろんない。行政の協力なしに、どうやってシェアサイクルをやればいいんだろうか……。

「頭がちぎれるほど考えろ」
——新アイデア「ノキサキ貢献」誕生

こんなとき、ふと思い出したのが仮想理事会で言われた、「頭がちぎれるほど考えろ」という言葉だ。この言葉を思い返しては、まだまだ私はちぎれるほど考えていない、そう何度も自分に言いきかせながら、ない頭をひねって考えつづけた。

——行政がダメなら企業にお願いするしかない。

——ビルとか、カフェ、ホテルの軒先の余った土地、デッドスペースでなんにも使えないような場所、あそこをシェアサイクルのポートとして貸してもらったらいいんじゃないだろうか。

——軒先でできる社会貢献で、軒先（ノキサキ）寄付。お金の寄付ではない分、協力してもらいやすいんじゃないだろうか。

思いついたら、思考はどんどん加速する。

――それに、ノキサキ提供者にとっても少なからずメリットもあるはず。ビルのオーナーさんにとったら、テナントの企業に勤める人が営業に回るのにちょうどいいツールになるはずだし、限られた駐輪場スペースを有効に活用できる。

――カフェにとっても、自転車を返却するついでにコーヒーを飲むお客さんもいるだろうし、そこのポートを利用するうちに、カフェの存在を知ってもらう宣伝効果もあるかもしれない。

――ホテルの宿泊者にとっては観光に便利な移動手段になるはずだし、ホテルのＰＲにも貢献できそうだ。

設置してくださる企業にとってもいいし、自転車を使ってくださる利用者にとってもいい。そして、ホームレス問題と自転車問題の解決にもつながって社会にとってもいい。そんな「三方よし」の関係をつくり上げられるのではないかと考えた。

これを「ノキサキ貢献」と名づけて、企業にお願いに回ることにした。

３００社回ってわかった「お断り」の理由

この周辺にポートを設置したいなと思う駅で下車し、ひたすら歩き、自転車が置けそうなスペースがないか探し回った。見つけては、企画書を持って飛び込み営業だ。

しかし、チキンな私は飛び込みなんてなかなかできない。その点、Aちゃんは肝が据わっていて、「やるしかない」と飛び込んでいった。私もAちゃんに触発されて、少しは飛び込んでみるが、企業側も飛び込み営業を断るのには慣れている。受付には電話機しか置いていない企業も少なくなく、営業経験のない私は、「この電話、どうやって使うの?」「どこにかけたらいいの?」状態で、ポキポキと心が折れた。

Aちゃんと手分けして、大阪の主要な駅――梅田駅、淀屋橋駅、本町駅、なんば駅――の周辺を3か月ほどかけてほぼすべて回ったが、色よい返事はどこからももらえなかった。

だが、３００社ほど回った時点で、お断りされる理由の傾向も見えてきた。

まず、土地がない。スペースは空いているけれど、たまに車を停めたりして使うこともあるから、何かを置くことはできない。また、いろいろと考えてみると、おっちゃんたちがそこで貸出・返却の作業のために待機しなくてはいけないのだから、結構スペースが必要なのではないか、ということもわかってきた。トイレや休憩できるスペース、現金を管理する場所も準備しなければいけない。そうなってくると、単なる土地を提供するだけでなくなり、ハードルが高くなってしまう。

また、シェアサイクルというものにまだ馴染みがなく、前例がないため事業がわかりにくいということもあった。数年後には、数百もの拠点で、どこでも自転車を借りて返せる、便利な交通手段になるんですと主張してみるものの、現時点で拠点はゼロ。誰もそうなるとは信じてくれない。

ただ、大阪は平坦な土地が多く、地下鉄は碁盤の目のように通っているため、斜めの移動やちょっとの移動には、自転車移動はぴったりだねと共感はしてもらえた。

しかし、20歳の女子大生がシェアサイクルの拠点をつくりたいと、いくら熱弁しても説得力はなかった。

理由はもうおわかりだろう。そう、信用がないのだ。なんの実績もない私たちが、しかも、ホームレス問題という巨大な問題を解決したいと言っている。ホームレス問題だなんて、関心のない人からすると敬遠してしまうような話題で、それをいくらなんとかしたいと私たちが言っても、近づきたいとは思ってもらえない。「本当にできるの？」そう怪しまれてしまうのだ。そんな怪しさに拍車をかけたのが、なんとあれほど悩んでつけた私たちの団体名だった。

「ホームドア」という名前は、不動産会社によく間違えられた。

「不動産会社の回し者ですか？」と聞かれ、「いえいえ、ホームレスの人の路上脱出をサポートしたくて……」と回答すると、「貧困ビジネスですか？」と。説明すればするほど泥沼にはまっていく。

そうなってしまうと、そのあといくら説明しても怪しさを拭うことはできなかった。

苦しいときほど根本をぶれさせない

営業は難航しつづけ、いつの間にか半年が過ぎようとしていた。行政もダメ、企業もダメ。もうどうすればいいかわからず途方に暮れる毎日。

ただ、事業の方向性としてシェアサイクルで間違いないと確信はしていた。だから、もう無理そうに思えても、シェアサイクルをやるという根本は覆さず、どうやったら実現できるかだけを前向きに考えつづけた【＊3】。

どうして断られてしまうのか、理由を徹底的に洗い出した。そこでひとつ思ったのは、私たち自身もそうだけど、シェアサイクルが大阪でできるっていうイメージが営業先の人も湧かないのではないか、ということだった。まずは、実績をつくらなければ信用は生まれず、信用のない相手に大切なノキサキを提供したいとは思えない、というのは当然といえば当然だ。

そこでまずは、実績をつくろうと、シェアサイクルの実証実験をすることにした。とりあえず1週間だけ、ノキサキを貸してもらえないか聞いて回ることにしたのだ。

「いや〜、ずっと自転車を置くのはちょっと……」

「では、1週間だけでいいので、イベントとして置いてもらえないですか？」

そう切り返す術《すべ》を身につけ、再度お願いに回った。すると、なんと4か所のビルが、実験としてなら置いていいと言ってくれたのだ。

「ハブチャリ」スタート。まずは実証実験から

こうして、2011年7月3日〜7月10日。1週間の実験が決まった。急いで実験のための準備にとりかかった。

まず、自転車をどうするか。放置自転車をリサイクルして使いたいところだが、車種が異なると整備に使う部品もバラバラとなり、メンテナンスコストが余計にかかる。また、統一感がないのでブランドイメージも確立しにくいし、乗りたいと思えるデザインの自転車でないと利用者から不満が出る。ただ、新品の自転車を買おうにも、当時の手持ち金は社会起業塾でもらった支援金30万円と私がバイトで稼いだお金が少し。ここからおっちゃんたちを雇っていくには少しでも多くのお金を残しておきたい。たった1週間でいいから自転車を借りられないか、方々に聞いて回った。すると、他の都市でシェアサイクルの実

験に使われた自転車を少しの間貸してもらえることとなった。

次に、広報をどうするか。レストランでのアルバイトや家庭教師はしたことがあるが、モノを売ったことはない。そんな未経験者の私がひねり出したのは、「こういうこと、やってます」とわかるチラシでもつくって、実験中に道ゆく人に声をかけていくのはどうだろうかという初歩的なこと。しかし、チラシなんてどうデザインすればいいのかわからない。そこで、デザイン学校に通う知人に相談し、つくってもらうことになった。

ハブチャリのロゴ

チラシをつくるにあたり、サービス名を考える必要があるとその知人に言われ、今さらながらサービス名も考えていなかったことに気がついた。その知人や、実験をボランティアで手伝ってくれる友人とブレストするなかで、惹かれたのが「HUBchari」（以下、ハブチャリ）だ。「HUB」というのは、自転車の部品のひとつで、車輪のスポークが集まる、中心部のこと。そこから転じて、「ハブ空港」という言葉がある通り、人や物事の交流拠点としてもハブという言葉が使われている。

自転車が置かれるハブとなるポートが、人や物事の交流拠点になればいいなと、ハブチャリという名称に決定した。ロゴも、スポークの様子をかたどり、開いた花にも見えるマークとした。

いつの日か、ポートが大阪にたくさん咲いたとき、ハブチャリが目指す社会、今まで排除されてきたホームレスの人たちが、大阪で必要とされるハブチャリを運営する大切な存在としてイキイキと働ける社会に近づくのではないか。そんなビジョンを描いた。

チーム内の不協和音と、利用者からの意外な好評価

こうしてロゴも決定し、マップやフラッグ、装飾品の製作を進めていった。

ところが、もうすぐ実験ができると喜ぶ私とは対照的に、Aちゃんはここのところずっと元気がなかった。なんとなく、Aちゃんはやめたいのかなという気もしていた。でも、その気持ちを聞いてしまうと私はひとりになる。怖くてAちゃんの悩みを聞けず、私はAちゃんを少し避けるようになっていた。

そんなAちゃんから、やっぱりやめたいという相談があった。営業に奔走するなかで、自分の力のなさを痛感し、一度、会社に就職したいという。

ちょうど大学3年生の夏休みにさしかかろうとしていた。当時は、そろそろ就職活動が始まる時期。結局のところ、私には、Aちゃんをこのまま巻き込みつづけ、Aちゃんの人生を背負う自信がなかったのだ。

――今後、Aちゃんと私のお給料が出る保証なんてまったくない。
――本当に、このままやりつづけてうまくいくのだろうか。
――というか私も、就活したほうがいいのではないか。

そもそも、私だってKくんにそそのかされて学生のときからやることになったけど、本当は一度就職して、30歳くらいからこういうことをやろうと思っていたわけだし、ハブチャリの営業をしたって全然うまくいかなかったし、飛び込んだ会社の受付では電話のかけ方すらわからなかった。就職して社会人経験を積んでからこういうことやったほうが、よっぽどうまくいくんじゃないか。

そんな思いもあったので、Aちゃんに一緒にやろうよと無責任には言えなかった。

チームとしては最悪な状況のなか、ハブチャリの実証実験は始まった。

ハブチャリ実験時の様子（写真左から４人目が筆者）

——もしかしたら、この実験も無駄に終わってしまうかもしれない。

そんな気持ちを抱えながら、1週間、毎日9時〜18時まで、私は道ゆく人に声をかけていった。高校時代のボランティア友達も手伝いに駆けつけてくれた。

「シェアサイクル始めました〜」

「梅田で借りて、本町で返せます」

「アンケートに答えると、今なら無料です！」

ネットでの告知は結局間に合わず、SNSでの宣伝程度だったが、無料とあって期間中40人が利用してくれた。

Aちゃんとのこともあり、私は心のどこかで、利用者はまったくいなくて、シェアサイクルは人気がないという状況を願っていた。そんな私の気持ちとは裏腹に、想像以上にシェアサイクルは好評だった。

「大阪中の放置自転車がハブチャリやったらいいのに」
「こんなん、あったらいいと思ってた！」
「これからもずっとやってほしい」

私としては、ホームレスの人を雇うことさえできれば、どんな事業でもよかったわけで、お客さんからの評価はそこまで気にしていなかった。ホームレスの人の働きたいというニーズは汲んでいたが、便利に移動したいという利用者のニーズ調査は行っていなかったのだ。

それが、実験を通じて直に利用者から感想をもらえて、こんなにもいろんな人にいいと思ってもらえる。ニーズがあるなら、もしかしたら実現できるんじゃないか。そんな自信が得られた実験だった。

しかし実験終了後、Ａちゃんは私の元を静かに去った。

ついに、ホームドアは私ひとりとなった。

＊3　できない理由の乗り越え方

何かをやろうと思ったとしよう。勉強でも趣味でもいい。でも、できない理由、やらない理由を考え出して結局やらなかった。そんなことも多いと思う。何もしないほうが楽だし、邪魔しようとする人やさまざまな誘惑も現れる。こういうとき、私は無理やりモチベーションを上げるのではなく、やらなければならない環境を自らつくり出すことにしている。

たとえば、何かの資格を取得したいとしよう。そのための学校に通ってしまうというのもひとつの手だと思う。ただ、その願書を出すのも面倒だという意見もあるだろう。私の対処法は、タスクをかなり細分化して見えるところに掲示すること。他の専門学校と比較する、専門学校に電話をかける、願書を取り寄せる等、一つひとつの過程を細かく分けると大きな目標である「資格取得」も、小さな目標から始められて取り組むことへのハードルが下がる……気がする。

COLUMN 04

＊1　「ソーシャルビジネス」という言葉

ソーシャルビジネスや社会起業という言葉は少々ひとり歩きしてしまった感もある。「どんな会社であれ、経済循環を生み出すことで社会に貢献している」「利潤があることでCSR活動ができ、社会貢献につながっている」という意見もあり、ソーシャルビジネスとビジネスを区分する必要はあるのかという意見も多い。だが私としては、あくまでその区分は便宜上の枠組みの話であると考えている。私たちが社会起業だからということで、社会起業塾をはじめとして受けられた支援、関心を持ってもらえたことも多々あるし、事業を説明しやすい場面もある。また、中高生や大学生相手に話すと、「将来、起業を目指しているのですが、プランにソーシャルの観点も入れたいなと思いました！」と言ってくれることもあった。今後も、ソーシャルビジネスという言葉が、いい意味で新たな波紋を起こすことは間違いない。

＊2　支援される側からする側へ

ホームドアで実施する夜回り活動でもそうだが、支援活動に元当事者が参加してくれるケースがある。本人は何か恩返しのような気持ちで、「世話になったから」と手伝うことが多い。支援される側だった人が、今度は支援する側に回るということは、自己有用感を高めることにもつながるため、とてもいい循環を生み出している。

第2部

みんなの「働く意味」を見つける

第5章

初めての雇用、
初めての仲間
——支えるつもりが
支えられて

ひとりでもやっていく覚悟をもたらしたカンチガイ

ひとりで本当にできるのか。ホームドアを続けられるのか。その怖さだけが襲ってくる毎日。その頃は、ちょうど大学3年生の夏休み。鬱々とした気持ちを晴らすべくSNSを開くと、友人たちの充実した就職活動の様子ばかりが流れてきて、より一層、悶々とした。

――ひとりでどうやったらいいんだろう。
――ひとりで何をすればいいんだろう。

モーニング喫茶を手伝ってくれた元ホームレスのおっちゃんと、釜ヶ崎で飲み歩く日々が続いた。弱気になっている私に、

「かわぐっちゃんの夢の施設の絵。あれ見て、わしは感動した！　わしがホームレスやったとき、こんな施設があったらホンマに助かったで。絶対実現させよう！」

と、おっちゃんは何度も励ましてくれた。

そんな落ち込む日々に、電話は急にかかってきた。

「テレビ東京のWBSという番組のディレクターをやっている○○です」

正直な話、WBSという番組を見たことがなかった私は、「ワールドベースボールクラシック（WBC）」と勘違いして、野球番組か何かだと思った。WBS（ワールドビジネスサテライト）がビジネスマンに人気のニュース番組と知ったのは、あとになってからのこと。

ちょうどその頃、流行し出した「シェアリングエコノミー」の特集の中で、シェアサイクルについて取り上げたいとのことで、ハブチャリが大々的に紹介された。シェアリングエコノミーを自分が実践しているとは1ミリも思っていなかったが、この特集が呼び水となったのか、他にも新聞2社から連続して取材を受けることとなった。

掲載後、多くの人から「ホームレス問題と自転車問題の解決につながるなんて、一挙両得ですばらしいモデルだ」とお褒めの言葉をいただき、講演に呼びたいと声をかけてもらった。特に、企業の社長さんが多く集まる、青年会議所やロータリークラブでお話をすると、自分の持っているビルに置けないか考えてみると前向きな返事をもらえた。
そのご縁で本町にあるホテルが、翌年には廃業予定ではあるけれど、それまでの間でよかったら、と場所を貸してくれることになった。その時点で確保できているのはこの拠点のみなので、オープンしてもそこで借りてそこで返すというただのレンタサイクルにしかならない。だがそれでも、とりあえずハブチャリをプレオープンという形で実験的にスタートさせようと考えた【*1】。

大学3年生の夏休み。振り返ってみると、まったく就活はしなかったが自分なりにあがき、「就活以上のことをした」という自負のようなものが芽生えた。友達が、企業の人事担当の人と面接をしているなか、私は、社長と直接やりとりをしていたのだ。中には、失敗したらうちにおいでよと言ってくださる社長さんもいた。
それに私は、おそらく同世代の誰よりも飛び込み営業をしたし、誰よりもがんばった。そう、勝手なカンチガイをしようと自分に言い聞かせたのだ。

すると、自然とこんなふうに思えた。

「そうだ。これから企業は、就活をがんばる学生よりも、〝何か〟に挑戦する学生を獲得したいんじゃないか。失敗を買う時代になっていくんじゃないか」

そう気づいて初めて、たとえこの先、誰も仲間になってくれなくても、ひとりぼっちでも、ホームドアをやり抜く。そんな覚悟がようやくできたのだった。

〝NPO法人Homedoor〟誕生！

廃業予定のホテルでのスタートは、実証実験から3か月後の、2011年10月に決まった。まだ1拠点ではあるけれども、常設だ。私は、急ピッチで準備を進めた。まず、ホテルに常駐し、自転車の貸出・返却対応する人を配置する必要がある。つまり、これでようやくおっちゃんに働いてもらえる段階に来たのだ。

しかし、まだいくつか問題があった。

まずは組織形態をどうするかということ。今までホームドアは任意団体であったが、やはり、誰かに働いてもらう環境を用意するとなると法人化する必要がある。すると、法人格を何にするか、という問題が出てくる。株式会社なのか、一般社団法人なのか、NPO

法人なのか。ハブチャリの協働について相談してきた行政職員からは、株式会社だと営利目的と見えて付き合いにくいから、できたらNPO法人だと助かると言われていた。企業に対してもノキサキ貢献を検討するときに抵抗なく付き合ってもらいやすいし、理念的にもNPO法人が合っている気がした。それもあって、実はハブチャリスタートの半年ほど前より、NPO法人格の取得に向けて、書類の準備をしていた。

そもそも、NPO法人（特定非営利活動法人）というとボランティアのイメージを持たれやすいが、「非営利」というのはそういう意味ではない。1年間で出た売り上げを、株式会社のように株主に配当するのではなく、翌年度の事業のために繰り越すのがNPO法人だ。売り上げなので、そこから給与や備品費などはもちろん差し引いてよくて、繰り越すのは最終的に残った金額。つまり、ハブチャリなどの事業で収入を得て、おっちゃんたちに給料を払っても問題はないのだ。

また、株式会社とのもうひとつの違いは、株式会社は会社の存続を目標にしているが、NPO法人は理念が達成され、いつかその存在が不要となる、つまり解散することを目標に立ち上がる。ホームドアだって、ホームレス問題が解決し、その存在が必要なくなる社会のほうがいいのだ。もし失敗してホームレス状態に陥ったとしても、そこから脱出したいと思ったら、ホームドアがなくたって当たり前のように脱出できる、そんな社会を目指すべきなのだ。

銀行の支店長、「シェアオフィス」をさらにシェアしたオフィスに来たる

行政の方から勧められたという形ではあったが、ＮＰＯ法人でやっていこうと新たに決意し、手続きを行うことにした。煩雑な手続きであるため、行政書士に依頼し、法人格の取得を行ってもらう団体も多い。しかし、そんなお金はない。そこで、(またも)ネットで検索して、なんとか申請書を出した。

最も苦労したのは、定款《ていかん》という、いわば会社の基礎となる決まり事の条文をつくること。「第○条　この法人は～とする」という書き言葉に慣れていない私には苦行でしかなく、ネットで拾ってきた定款のフォーマットの団体名のところをホームドアに変更するという手法で提出した……と思ったら、それは東京都のフォーマットだったらしく、やり直しが大量に発生。電話口でやり直し箇所を市職員の方から教えてもらうわけだが、量が多すぎてメモが追いつかず、何度も市役所に足を運ぶ羽目となった。

そんな紆余曲折を経て、２０１１年10月4日、ＮＰＯ法人ホームドアはようやく誕生した。

法人格ができたからといってそれで終わりではない。次は銀行口座を開設しなくてはということで、銀行に向かった。しかし、20歳の私が法人口座を開設したいと言っても、信じてもらえない。

「最近、振り込め詐欺用の架空口座をつくる人が増えていて……申し訳ございません。上の者に確認してまいります」と窓口の人が言い残し、待つこと数十分。支店長が登場した。事業概要をざっと説明すると、「事務所を見に行かせてください」と言われた。

当時、私は登記用に月3万円のシェアオフィスを月1万円で借りていた。どういうことかというと、3坪で月3万円のシェアオフィスを、イベントで知り合った同時期に起業しようとしていた仲間2人とシェアし、月1万円で借りていたのだ。しかし、他の2人は途中から「失踪」し、実質ひとりで3坪のスペースを使っていたのだが、当時のホームドアは私ひとりしかいない。これでは家にいてもオフィスに来ても一緒だということで、私もあまり頻繁には使っていなかった。

銀行の支店長が来るというので、私は机と椅子しかなかったスペースを急いでオフィスっぽく書類を並べて飾り付け、緊張しながら支店長を出迎えた。

すると、手には新聞記事。どうやら、私が掲載された新聞をたまたま見たようで、「新聞に載るような方なら問題ない。疑って申し訳ございません」と菓子折を渡され、無事に口座は開設できた。やはり、実績は大事だなと改めて思った。

初めておっちゃんを雇った

おっちゃんを受け入れる準備が整ったところで、次の課題は働いてくれるおっちゃんをどう探すかということ。

公園で寝ているおっちゃんに声をかけようか。でも特定のおっちゃんだけに声をかけると、あとで他のおっちゃんから「俺は誘われていない」という不満が出るかもしれない。おっちゃん同士でもめてしまう火種をつくるのはよくない。

では公平に、求人募集のチラシを撒《ま》こうか。でもそれで大勢のおっちゃんが押し寄せたら……。働いてもらえるのは多くても４人だったので、全員は雇えない。始まってもいないので杞憂《きゆう》に終わるかもしれないが、私が目指すのは、働きたい人には働ける場所があるということ。働きたいと来てくれた人を断ることは、できるだけしたくない。

そこで思いついたのが、他の支援団体からおっちゃんを紹介してもらうこと。以前、Aちゃんや K くんとヒアリングさせていただいた支援団体に、おっちゃんを紹介してほしいと改めてお願いに行った。しかし、誰も雇ったことのない団体に紹介することはできないと門前払い。さまざまな課題を抱える当事者を雇おうなんて、そんな甘いもんじゃない。しきりにそう言われた。

それに、「学生さんだから、卒論のためにやってるんでしょ？」とか「卒業したらどうせやめちゃうんでしょ？」という疑いはまだ晴れておらず、なかなか信用してもらえなかった。

だったら、どうやって雇ったという実績をつくればいいのか――もはやわからなくなっていた。ここまで準備してきたのに、あと一歩というところで進まない。

くじけそうになりながらも、「数撃ちゃ当たる」の精神で他の支援団体にもお願いに回った。

数十の団体に連絡しただろうか。どこからも相手にされず、途方に暮れていたとき、大学のホームレス問題を扱う授業に、元当事者らが運営する居場所づくりの支援団体の方が来られていた。授業後、話を聞いてほしいとお願いに行くと、快く承諾してくれた。

自身も、ホームレス経験があったというその方が醸し出す優しい雰囲気に、私は今まで断られてきた経緯をすべて正直に話した。そして、
「こんな私ですが、おっちゃんを紹介してもらえないでしょうか？」
と頭を下げた。

「こういうことはな、ニワトリが先か、タマゴが先かという話や。誰かが先陣を切って、やったらなあかんねん。わしがサポートしたるから、一度雇ってみ」

そのとき、私は不覚にも泣いていた。

まず紹介してもらったのは、72歳と55歳の男性だった。72歳のおっちゃんは、面談中、ずっと声が震えていて、少し心配になった。
おっちゃんを迎えるにあたって、制服を用意することにした。当事者だとわからないような、若者にも受け入れられやすいおしゃれな制服がいいなと考え、採用したのが当時流行っていた、オーバーオール。刺繍工場で働いていた知り合いが、ハブチャリのワッペンをつくってくれた。私はそれを手作業で胸元に縫い付けた。

ハブチャリの制服、
オーバーオールを着たおっちゃん（左）

ただおっちゃんからは、「こんな若者が着るようなやつは恥ずかしくて着られへんわ」と不評。しかしなんやかんや言いながらも、勤務初日、オーバーオールをかっこよく着こなしたおっちゃんが、ホテルのハブチャリポートに立った。

ホームレス問題に出合ってから6年という歳月はかかってしまったが、初めておっちゃんに働く場所を提供できた瞬間だった。

ビジコンキラーとして覚醒、賞金と人脈を総なめに

ようやくおっちゃんを雇えてホッとしたのもつかの間。口座からはどんどんお金が減っていく。安定的に雇用の場を提供するには、当たり前だがお金がいる。

当時の資金は、社会起業塾でもらった起業支援金30万円。それと、起業塾を運営するＮＰＯ法人エティックに紹介してもらった内閣府雇用創出事業基金から２００万円の助成を受けることができたので、合計２３０万円が２０１０年に起業してからの1年半の間の収入だ。

支出は、東京へ行く交通費やモーニング喫茶、ハブチャリの実証実験でかかった費用などで、それらを引いて、２００万円くらいが手元に残っていた。ちなみに当時の私は無給で、ホームドアとは別にアルバイトを続けていた。

しかし、今後何が起きるかわからないし、もっとポートを増やして、より多くのおっちゃんに仕事を提供していくことを考えると、今のうちに資金はもっと確保しておきたい。しかし、ＮＰＯ法人は株式会社と違って、出資金等を集めて起業資金にすることは難しい。その代わり、ＮＰＯ法人の設立費用は、寄付金や助成金でまかなわれることが多い。当時、周りには寄付で応援してくれる人も少しはいたが、まだなんの成果も出ていない活動では数十万円の寄付を集めるのが限界だった。そこで、助成金に応募してみることにした。

だが、応募した助成金5つはすべて落選。実績もほぼゼロで、ましてや大学生がひとりでやっている団体だと、どうしてもサークルのたぐいだと思われてしまう。

このままではダメだと思い、方法を変えた。ビジネスコンテスト（ビジコン）に応募してみることにしたのだ。

インターネットで「ビジコン」と検索して、出てきたものに片っ端から応募していった。「大学生 OF THE YEAR」「キャンパスベンチャーグランプリ」「ソーシャルビジネスプランコンペ edge（エッジ）」などに応募し、そのすべてでグランプリを獲得した。賞金をすべて合わせると200万円。

なぜ賞を総なめにできたのか。他の応募者たちはまだ「プラン」の状態で、一方の私はハブチャリの実験をやってみたり、おっちゃんを雇用したりとすでにプランが形になりつつあったからだろう。いつの間にか私は、「ビジコンキラー」と呼ばれるようになっていた。


賞金目当てで応募したことではあったが、ビジコンへの参加は、賞金だけでなく、人脈づくりや仲間を見つけるのにも非常に役立った。まず、ビジコンの審査員は、企業の役員クラスの方や著名な人であることが多い。審査会では、審査員から私のプランに対して、厳しいコメントが伝えられる。それを逆に利用して、審査会後の懇親会で審査員の方と仲よくなり、いただいた意見に対し、どうしたらいいかわからないと相談する。すると、大抵の審査員の方は、「こういう人を知っているから紹介しようか？」と言ってくださるのだ。

　さらに「エッジ」では、協賛企業を巻き込むこともできた。そもそも、エッジは関西の起業家たちが、関西で起業家の「生態系」をつくろうとして生まれたもの。運営は起業家の先輩たちが自ら行っていて、いい意味で関西ノリのおせっかいなところがあった。

　そんな先輩のひとりが、ハブチャリのノキサキが見つからないと困っている私に、審査会後、協賛企業の積水ハウス株式会社の方を紹介してくださった。エッジの最終審査会も積水ハウスの本社がある梅田スカイビル（新梅田シティ）にて実施されていたのだが、「エッジで優勝したんだし、協賛企業も彼女を応援してくださいよ」と先輩がゴリ押ししてくださった。それがきっかけで、梅田スカイビルにハブチャリのポートを設置してもらえることとなったのだ。

　梅田スカイビルは、後に、イギリスの有名な出版社「ドーリング・キンダースリー」が世界の建物トップ20に選んだことから、観光客も爆増。大阪のランドマークにハブチャリのポートを設置でき、ホームドアにとって大きな一歩となった。

　また、エッジでは最終審査会の前に合宿形式での審査会もあったのだが、その合宿の参加要項には「できるだけ多くの仲間と参加してください」と書いてあった。これを見て、もしひとりで参加したら審査で不利になるかもしれないと焦った私は、誰か一緒に行ってくれそうな人がいないか、血眼《ちまなこ》で探した。何せ、賞金30万円がかかっている。

そこで白羽の矢が立ったのが、中高のボランティア部の後輩だった松本浩美だ。松本は高校卒業後、関西学院大学人間福祉学部社会起業学科というところに進学していた。社会起業が学べる大学があることにも驚きだが、そこに進学するということは、少なからずこういうことに興味があるだろうし、何より、モーニング喫茶やハブチャリの実験もボランティアで手伝ってくれていたのだ。

合宿では社会起業の先輩から直接、起業のイロハを学べるわけだし、大学でそれを学んでいる松本にもメリットが多少はあるように感じた。「よかったら一緒に参加しない？」という単純な言葉も言えないチキンな私だったが、松本にとってのメリットも見つかったことだし、ようやく勇気を出して、松本に声をかけた。

すると松本は、社会起業学科の後輩と2人で参加してくれることとなった。

1泊2日の合宿では、ホームドアのビジョン、ミッションを再度考えながら、それをビジネスプラン、中長期プランに落とし込むという作業を、担当のメンターとなる先輩起業家についてもらい、松本とその後輩と進めていく。2日目には考えたものをプレゼンし、それが審査される。限られた時間の中で、今までAちゃんと考えてきたこと、ひとりでやってきたことを共有していった。

幸い、社会起業塾でも似たようなプロセスを経験しているので、ある程度方向性は決まっていたが、難しいのが中長期プランだ。５年後10年後と言われても、まったく想像もつかない。結局、徹夜で議論を続けた。

10年計画をともに考え抜いた仲間への〝初告白〟

松本たちと夜通し議論するなかで改めて見えてきたのは、「ホームレス支援における新しいモデルをつくりたい」という極めてシンプルな目標だった。そもそも、ホームレスになる人は複合的な要因を抱えているがゆえに、行政のセーフティネットでは対応しきれていない。行政の制度に合わない人は、その制度を使えない。つまり制度ありきの支援となってしまっているのだ。

そうではなく、私たちが現場でホームレスの人たちのニーズに柔軟な姿勢で寄り添いながら、本当に必要で効果的な支援はなんなのか試行錯誤する、いわば、研究機関の役割を担うことはできないかと考えた。そこで効果があれば、その支援を行政に導入してもらえれば話が早いような気がした。

そんなこと、行政がすればいいのではと思われがちだが、行政は大きな組織であるがゆえに、実験的に支援策を検討したり、柔軟性を持って個々のニーズに沿った支援を考えたりすることは難しい。それを私たちがまずは10年というスパンの中で、支援のあり方を検討していき、いずれは、行政に制度として取り入れてもらえるよう、ロビイングしていけるような支援モデルをつくり上げたいと考えた。

そうしていくためのホームドアの活動としては、モーニング喫茶をしていた頃から抱いている、「最初の5年を仕事づくり、あとの5年を住まいづくりに充てたい」というざっくりとした考えはなんだか正しいように思えた。

そうは言ってもこの10年計画をひとりでやり遂げるのは無謀すぎる。やはり仲間がほしい。松本たちを、合宿後も関わってくれるように誘いたい……けど勇気が出ない……。

そう躊躇していると、私の心を読み取るかのようにエッジの先輩が声をかけてくれた。

「一緒に起業するっていうのは、ある意味で恋人になるようなもん。議論して喧嘩することもあるし、毎日のように顔を突き合わせて一緒に悩むこともある。むしろ、恋人以上の関係かもしれん。そんな相手を誘うんやから、恋人になってほしいと告白するよりも激しく、口説き落とす必要があると思うで。俺なんか、何度もバーに誘って一緒に時間を過ごしたわ」

エッジで最優秀賞を受賞したときの写真。
写真中央が筆者、その左が松本

ひとりになってからというもの、私と一緒にやってくれる人なんていないとすっかり自信を喪失していた。しかし、合宿で10年計画を一緒に練り上げたこの機を逃しては、そして松本を逃してはもう次はないという気もしていた。

勇気を振り絞って松本に、「一緒にやろう」と声をかけた。すると……。

「私はみんながいなくなったとしても、いなくならないですよ」

仲間を失ってビビっていた私の本心を見抜いてか、松本はそんな言葉を返してくれた。

こうして松本は、合宿後も、そして今もホームドアに関わってくれている。私にとって、大切な相棒だ。

お客さんは0人——焦る私を助けてくれたおっちゃんの〝創造力〟

エッジの合宿を無事に終え、その足でおっちゃんが働いているハブチャリの拠点へ向かった。

しかし、私がビジコンや合宿で顔を出せなかった少しの間に、おっちゃんたちは不安の念にさいなまれていた。

というのも、来る日も来る日もお客さんは0人。お客さんが来なさすぎて、おっちゃんたちはハブチャリの自転車やホテルの床を磨きに磨いてくれ、ピカピカになりすぎていた。もう磨くところもなくなって、暇を持て余していたのだ。

暇になると、人はよからぬことを考えてしまう。もし、このままお客さんが来なかったら、赤字でこの会社つぶれるんじゃないか。またクビになるんじゃないか。そんな不安を抱えていた。

それもあって、私が拠点に顔を出すと、ものすごい剣幕でおっちゃんから言われた。

「社長出せ！」

どうやら私は事務の女の子と思われていたようだ。そう言われたものの、私が社長ですと名乗り出る勇気はなく、「わかりました」とだけ言ってその場をあとにした。

恐れていた事態だった。やっぱりこんな若い子に雇われるなんて嫌なんじゃないだろうか。私が社長だとわかったら、プライドを傷つけてしまうんじゃないか。余計不安にさせてしまうんじゃないか。どう事態を収拾すればいいかわからなくなってしまった。

それ以降、拠点に顔を出しにくくなった私は、遠くから50代の石田さん（本書に登場するおっちゃんはすべて仮名）が働いている様子をのぞき見した。するとある日、拠点の前にハブチヤリの看板があることに気づいた。

「え？　あの看板なに⁉」

お金をできるだけ貯めておきたかったので看板をつくることすらけちっていた私は、驚いて思わず駆け寄った。

「この看板、どうしたんですか⁉」

「これな……わしが拾いもんでつくったんや」

「え⁉　拾いもんで、これを⁉」

拾ったものでつくったとは到底思えない。そのクオリティに目を見張った。

「これをホテルの前に置いといたら、お客さんがこのベル鳴らすやろ？　そしたらわしが、ホテルから出てくる。わしはベルボーイやねん」

自分で自分を呼ぶベルをつけるなんて、めっちゃシュールやんと思いながら、面接のときに聞いた石田さんの生い立ちを思い出した。

沖縄県出身で小さい頃にご両親を亡くされ、おばさんに引き取られた石田さんは、そこで虐待を受けてしまう。子どもがひとり増えたらお金がかかると、ご飯ももらえず、家族全員から無視されつづけたそうだ。空腹の辛さを絵を描くことで紛らわしていたと言い、いつしか、絵を仕事にしたいと考えるようになったそうだ。

その後、アルバイトで必死に学費を貯め、ようやくデザインの専門学校に進学。しかし、あまり身体《からだ》が強くなかったこともあって毎日のバイトでの無理がたたってしまった。20歳のときにバイトが続けられなくなり、学費は未納状態となって中退。あまり仕事がなかった沖縄を出て、兵庫県で製造業の仕事に就いた。

しかし、50歳のときにその会社が倒産。その歳で正社員の仕事を失うと、もう正社員で雇ってくれるところなんてなかなか見つからない。それがちょうど2009年頃。リーマンショックの影響で、ますます仕事が見つからない。沖縄に帰っておばさんに頼ることも今さらできないとホームレスになったそうだ。

おっちゃんお手製の看板。
右上にベルがついている

「さすが、デザインを学ばれていただけありますね！　拾いもんとは思えない！」

と私が伝えると、

「せやろ。35年経って初めて、専門学校で学んだことを活かせたわ！」

と得意げだった。

「この通りは人通りが多いんやから、やっぱり通行人に視覚的に訴えなあかんで」

石田さんなりにどうやったらお客さんを増やせるだろうか、ハブチャリを知ってもらえるだろうかと工夫してくれていた。そしていつの間にか私以上にハブチャリのことを考えてくれていることを知って、嬉しくて泣いていた。

支援する・されるという関係を超えて、一緒に、ハブチャリを盛り上げていくパートナーとなれたように感じられた瞬間だった。

泣いて喜ぶ私を心配してか、石田さんは、

「また拠点ができたら、わしが看板第2号をつくったるから、はよ拠点つくりや！」

と思いもよらぬ激励の言葉をかけてくれた。お客さんはまったく来ていないし、赤字だらけだけど、とりあえず拠点をつくろう、理念に共感してくれてハブチャリのポートを担ってくれる企業を、死ぬ気で探し出そうと決意した。

失敗は成功の途中経過

拠点営業をもっとがんばっていくには、やはり仲間がいる。

合宿から合流した松本たちが、友達に声をかけてくれた。また、ホームページを自分たちで制作し、ツイッターやフェイスブックアカウントも取得し、大々的に仲間を募った。特に、学生の心に刺さるように「インターン募集」と打ち出した。お気づきの通り、学生が学生に向けてインターンシッププログラムをつくったことになる。

そんなもの、誰が来るんだとあまり期待していなかったが、「大学生 OF THE YEAR」などの賞で箔がついていたこともあってか、新たに5人の学生が集まった。今まで真面目にやりすぎていたところもあったと反省した私は、学生ノリも大切だなということでお互いをあだ名で呼び合うことにして（あばたー、たにー、しもんつ、たかし、ぴょんせ、まつもん）、頻繁に「シェアオフィスをさらにシェアしたオフィス」でタコパや鍋パを繰り返し、学生の胃袋をつかむ作戦に出た。シェアオフィスの運営者からは、いつも騒がしいと怒られ、雀荘と同じフロアに移動させられてしまい、いつもジャラジャラと騒がしかった。この頃もテレビやラジオの取材が何度かあったのだが、麻雀が開催されていない朝方に撮影してもらわざるを得なかった。

みんなで話し合って、もう一度ゼロから、営業をやり直すことにした。特に、相手側にもメリットが見えやすいという理由で、ホテルを中心に、営業をかけていった。オフィスに大阪市の地図を広げ、狙いたいエリアに付箋《ふせん》を貼っていき、すべてのホテルをリスト化し、飛び込み営業を繰り返した。以前と違い、拠点がひとつあるのとないのとでは相手側の受けも全然違った。

しかし、2011年も暮れに迫った頃、残念な知らせが舞い込んだ。最初の拠点であるホテルがやはり廃業すると決まり、2012年3月には閉鎖することとなったのだ。私は一気に怖くなった。このまま拠点が見つからなかったらどうしよう。おっちゃんを解雇することになるかもしれない。拠点がゼロになったら、余計拠点が見つからなくなってしまう。恐怖で押しつぶされそうになった。

考えてみたら、まだ何も成し遂げていない。そんな中途半端な状態にもかかわらず、賞をもらって、メディアにも取り上げられ、いろんな人にも応援してもらっていた。このまま失敗してしまったら、もう取り返しがつかない。

そんなとき、起業家の先輩から絶対に失敗しない方法を教えてもらった。

それは、挑戦しつづけること。

「途中でやめたら、それは失敗になるかもしれないけれど、続けている限り、それは成功までの途中経過。今、赤字を1億抱えていたとして、そこで事業をやめたら失敗だけど、そのまま続けて、いつか黒字になって、たくさん儲かったら成功になる。だから、続けることが一番大切だよ」

この言葉で、少し吹っ切れた自分がいた。こんなにも苦労してここまでやってきたのに、今やめたら全部水の泡。ハブチャリが失敗に終わっても、また違う事業を考えればいいだけだし、あくまで最終ゴールはホームレス支援。だからこそ今、おっちゃんをクビにするなんてできないと、自分で自分にひたすらハッパをかけつづけた。

もうあとがない。

がむしゃらに、挑戦しつづけるしかなかった。

ハブチャリ、ついに本格オープン

インターンの学生たちとともに、営業をとにもかくにもがんばる日々。しかし、鬼気迫る様子の私の元で、営業をハードにこなせる学生は少なかった。ひとり、またひとりと私の元を去っていった。

それでも、3つのホテルが新たに拠点として見つかった。その中には、Aちゃんが昔モーニング喫茶しながらバイトをしていたホテルも含まれていた。

2012年4月、なんとか4か所、拠点を確保することができた。最初の拠点であるホテルの廃業にもぎりぎりで間に合い、おっちゃんの働く場所を確保でき、心底ホッとした。複数の拠点ができたので、ようやく、ハブチャリを本格オープンできる。拠点のひとつであるホテルの支配人さんが、私たちの心意気を買ってくれ、せっかくだからホテルの前でオープニングセレモニーをしようと提案してくれた。

新しい大阪の公共交通になりたいという思いから、高速道路や新幹線が開業するときによく行っている、テープカットができないだろうかと考え、ネットでテープカットセット

セレモニーでのテープカットの様子（写真右から３人目が筆者）

セレモニー終了後、学生インターンらと

を2万円で買った。案外、安い。他にも、極力お金をかけないよう、自分たちで垂れ幕やマップ、のぼりもデザインした。

「女子大生×ホームレス問題×自転車問題」でメディアに受ける

知名度がないと営業でまったく相手にされないという痛い経験と、式典をすることでちょっとでも目立ってメディアにも取り上げられたいという下心から、プレスリリースも出した【*2】。

すると、4社のテレビで取り上げられ、新聞5紙に掲載してもらうことができた。どうやら、「女子大生×ホームレス問題×自転車問題」というのはメディア受けがよかったようだ。ホームレス問題だけだと世間のイメージもあって取り上げにくいけれど、自転車問題というと一般市民でも困っている方も多く、シェアサイクルというサービスは誰でも使えるものなので、視聴者にもメリットがある。そこに、女子大生ががんばっているという絵があると、テレビ映えはいいらしい。

そんなメディア効果もあってか、さらに拠点が2つ誕生し、ついに石田さんの看板2号を見られる日が来た。

看板を見た瞬間思った。

「あれ、この緑の看板、どこかで見たことがある……あ、スターバックスや」

どうやらおっちゃんは、スターバックス並みにおしゃれな看板をつくり上げてくれたようだ。他にもホテルのフロントに置けるような、コンパクトサイズの看板や、壁掛け式の看板など、さまざまな種類の看板をつくってくれた。

さらには、

「こんなんあったら、取材受けたときにハブチャリの説明しやすいやろ」

とハンガーの針金で模型もつくってきてくれた。

どこまで気がきくのかとびっくりすると同時に、こんな人でもホームレス状態になってしまうなんておかしいと改めて思った。

おっちゃん看板２号

ハンガーの針金でつくられたハブチャリの模型

「まずは、前例をつくりましょうか」――大阪ガスの心意気

その後も、ポート拡大を目指して営業活動を続けた。

目指すは、大阪環状線内に３３３拠点。

シェアサイクルのポートが３００メートルおきにあったら、大阪市民の日常の足として、またビジネスマンの営業時の移動に、観光客の大阪市内の周遊にと、便利に使ってもらえるのではないか。そのくらいのポート密度を目指そうと考えた。

環状線内の面積が約30平方キロメートルらしいので、計算すると３３３拠点が必要となる。これを目標に拠点を増やそうと考えた。仮にでもいいので、数値的な目標をつくっていると、企業の担当者の人にもわかってもらいやすい。

それほどのポートをつくるには、まずは大阪のランドマークには置きたい。梅田スカイビルへの設置の話は進めることができていたので、もうひとつ、大阪人からは「ガスビル」の愛称で親しまれる大阪ガス株式会社にお願いしたいと考えた。幸い、社会貢献意識

の高い企業で、知り合いにお願いして担当者につないでもらうことができた。

ところが、ノキサキ貢献をしてくれる企業さんを募ってポートを増やしている、と話をすると、難しい顔をされた。

「今まで、基金を立ち上げて、さまざまな団体さんに寄付をお渡ししてきたけれど、土地の提供となると前例がないから……」

私はなんとなく勘付いていた。前例がないとだいたい断られてしまう。大きな会社だと、決裁を取るのだって相当大変なんだろうなと。しかし予想に反して、担当の方はこうおっしゃった。

「まずは、前例をつくりましょうか」

毎年、ガスビルの御堂筋に面している軒下で障がい者施設でつくっている製品を販売する「御堂筋ふれあいバザー」を行っているそうで、そこのブースをひとつ使って、まずは実験をやってみなはれ、と機会を提供してくれた。

辛いときにいつも支えてくれた大阪人の「やってみなはれ」

3日間のバザー初日、「一番ええとこ」を用意しておいたからと、ビル入り口の真横にブースを構えさせてくれた。最初は私たちもあまり目立ちすぎても悪いかと机と椅子を並べただけだったが、こんなのは目立ってなんぼだとのぼりを立てさせてくれ、セロハンテープを持ってきてチラシを随所に貼ってくれた。自転車は前に出したほうがわかりやすい、通行人が通り過ぎる1秒が勝負と、集客のイロハもまるでわかっていない私たちに丁寧に教えてくれた。

一度通り過ぎてから、「ここ、レンタサイクルしてんの？」と戻ってくるビジネスマンがたくさんいた。大阪は碁盤の目のように地下鉄が張りめぐらされていて便利だが、逆に、斜めの移動とか、ちょっとの移動には自転車が便利なのだ。「営業に使える！」「気になっていたお店にランチに行きたい！」と多くの人に言ってもらえた。

ガスビルでのハブチャリの実験の様子

そしてなんと、実験の写真が日本経済新聞に掲載された。これには担当の人がとても喜んでくれた。

「こんなええ写真はない、大阪ガスの看板商品・エネファームの前でいいことやっているっていうのが新聞に載った！　これは、広告効果あるで！」

新聞記事による援護射撃が効き、ガスビルへのハブチャリのポートの常設が決まった。それから、もう8年が経つ。

大阪人の「まずはやってみなはれ」の精神に、ハブチャリはずいぶんと助けられてきた。出る杭は打たれるとか、出すぎた杭は打たれないとかいろいろあるけれど、一番は「まずはやってみなはれ」と快く先輩が見守ってくれる、その土壌が私たちを応援してくれたのだった。

COLUMN 05

＊1　まずは実験をやってみる

実証実験のような、まずは小さくても試しにやってみる、スモールトライの必要性は、この10年間で何度も体感した。たとえ準備不足でも、「実験」というマジックワードがあれば、トラブルがあってもお客さんからそこまで怒られることもない。しかも、「こういうこと始めます！」と宣言することで同じことを目論《もくろ》んでいる人に先制できる可能性もあれば、その人と提携できるチャンスもある。さらには、反応が悪ければやめてしまってもいいわけで、自由度が非常に高い。プレスリリースを活用すればメディアにも取り上げてもらえるし、本格的に始動するときは、すでに実験をやりましたという経歴が強みとなる。内容にはよるけれど、工夫を重ねればお金も多くはかからない。何かをやろうとしている人に、スモールトライは非常におすすめだ。

＊2　啓発活動と直接支援は両輪で

日本ではホームレスの人への襲撃事件が判明しているだけでも100件以上起きていて、それによって亡くなった方が30名以上いる。つまり、ホームレス問題への偏見によって殺人事件が起きたと言っても過言ではない、重い社会問題だ。だからこそ、高校生の頃の私は命を救う活動につながるんだと気概を持って啓発活動を続けていた。ホームレス状態の人に直接アプローチし、根本的に問題解決を行えるようになった今でも、この啓発活動はなくてはならないものと考え、今でも講演活動を続けている。直接的な対面支援と啓発のような間接的な支援。その両輪を回していくことが活動を広げる肝《きも》だ。

第6章

おっちゃんとの日々
——当事者に生まれた変化

ついに行政との連携へ――大阪市住吉区で実証実験

ハブチャリを本格的にスタートした、2012年。着々と拠点は増えていき、7拠点になった。そのうち、5拠点はホテルのフロントや駐車場の管理人の方が貸出や返却の対応もしてくれたので、2拠点におっちゃんたちが常駐。収支的にも想定よりはうまく回すことができた。

そしてついに、行政との協働も始まった。「新しいことにも寛容な区長さんがいるから」と紹介していただいたのが当時の住吉区長の高橋英樹さん。ホームドアの取り組みに対して、区の駐輪場や区役所にハブチャリのポートを設置すれば自転車対策や東西の交通網の充実に貢献できる点に加えて、区で生活保護を利用していたり、仕事がなかなか見つからずに困ったりしている人への就労支援にもなるとの観点からも評価してくれた。私たちの活動の趣旨を心底理解してくれ、協働を始めることができたのだ。

さらに、住吉区は、私が通う大阪市立大学がある区だ。それもあって、市大生との協働ということで話を進めてもらいやすかった。もちろん、市大にもポートを設置できることとなった。

「区の自転車問題と貧困問題を同時に解決しよう！」と、担当してくださった職員さんたちと議論を重ねていき、2012年9月から2013年3月までの期間で、ハブチャリの実証実験が住吉区で始まった。

ハブチャリを実施したいと大阪市にお願いに行った2年前は、いわゆるたらい回しにあい、どの人も「いい事業ですね～」とは言ってくれるものの、その後は進展せずに断念し途方に暮れていた。だからこそ、実現に向けてこんなにも熱心に取り組んでくれる職員の皆さんと出会えて、感激しかなかった。

そしてついに、区との協働事業としてハブチャリをスタートさせた。もちろん、以前購入したものを使い回そうと、このときもテープカットを実施。ぐるりと取り囲むように、テレビカメラも集まった。

住吉区でのテープカットの様子（写真左から２人目が筆者）

多くのテレビカメラが集まった

オペレーションをミスる——うっかり始まった新しい〝地獄〟

しかし、そのテープカットは地獄の日々の始まりの合図となった。

このときの実験では、4拠点で朝7時から夜7時までといった具合に、営業時間を通勤・通学に合わせて設定していた。

全拠点が土地のみの提供のため、売上金や自転車の鍵、業務に必要な書類などのセットを営業時間外は拠点で保管することができない。営業時間外にそれらを保管しておく場所が必要になった。また、おっちゃんたちにくつろいでもらったり、面談したりすることができる、そんな場所だって必要だ。

そこで、まず後者の問題に対応するべく、ちゃんとした事務所を構えようと考えた。

今まで、住吉区からは電車で30分ほどかかる、谷町四丁目という官庁街のシェアオフィスを利用していたが、住吉区で探すことにした。泊まり込む可能性もあったので、条件はキッチンやお風呂付きでオフィス利用も可能な格安の物件、というもの。

実家暮らししかしてこなかった松本と私とで、初めての不動産屋めぐりをした。しかし、学生で何やら聞いたことのないことをしようとしている私たちに、物件を貸してくれるようなオーナーはなかなか見つからない。大阪市立大学の学生が大学付近の物件を探しているというのを前面にアピールし、改装工事中のマンションを家賃5・5万円で借りることができた。ただし、日中は常に工事の音がうるさかった。以前のシェアオフィスは麻雀の音だったし、最初の頃のオフィスの風景とともに思い出すのは常に騒々しい音だ。

机と椅子だけひとまず用意し、早速おっちゃんたちの面談を始めた。住吉区から30人ほど、就職先がなく困っている人を紹介され、その面談をハブチャリ開始までの1週間で終えねばならず、分刻みでおっちゃんが面談にやってきた。男性だけかと思っていたが、シングルマザーの人もいた。基本的に面談で落とすことはせず、働きたいという気持ちさえあれば、雇用することとした。とにもかくにも、面談の数をこなさねばならなかった。

ようやく、30人の面談と研修が終わり、拠点に立ってもらうこととなった。しかし、いざスタートしてからもトラブルの連続。30人のほとんどが、仕事から長い間離れていたため、誰もテキパキと働くことができない。また、職場では全員が初心者のため、誰かが誰かを育成するということもできないし、私たちも日々の出来事にてんてこまい。

それに加え、朝7時前に行う拠点セットの受け渡しと、夜7時過ぎに戻ってくるおっちゃんたちの対応。始まってすぐ、長すぎる営業時間を後悔しはじめた。

シフトを組まなければ、給料を渡さなければ、役所に報告しなければ、ハブチャリのお客さんの対応をしなくては、拠点を拡大しなくては、そして大学の授業にも（もちろん）出席しなければ……と忙しすぎる毎日で、文字通り、心をなくしていった【*1】。

「履歴書の空白」から立ち直る——おっちゃんたちの変化

とりあえず、私と松本だけでは手が回らないので、私の通う大阪市立大学の友達や後輩にも声をかけ、手伝いをお願いした。事務所の近所に下宿している友達や、実家が遠くて帰るのが面倒な友達が朝の拠点セットの受け渡しを手伝ってくれた。しかし、そこは学生。大学近くで飲み会があるとその帰りに泊まるのだが、翌朝はもちろん寝坊。おっちゃんたちが事務所のドアをガンガン叩いて起こす、なんていうこともあった。

それでも、数年ぶりに働くおっちゃんたちは、みるみるうちにイキイキしはじめた。

たとえば、田中さんの場合。

田中さんはトラックの運転手だったが、勤めていた会社が倒産し、その後、仕事を探すも当時すでに57歳。「女性やったら清掃とか介護の仕事があるけど、男で50代やとなかなか仕事は見つからんかったんや」と言う。そのうち、貯金もなくなり面接に行く費用もなくなって、ついにはホームレスを経験。現在は、住吉区で生活保護を利用しながら暮らしている。

しかし、実際は生活保護を利用してからのほうがしんどかったという。

団地に住んでいるので、近所の人が1日中家にいる田中さんを不審に思い、生活保護を利用していることがバレてしまったそうだ。それからは家にもいづらくなり、しかし、就職活動をしようにも「履歴書の空白」が目立って、就職先が見つからなかったという。

「履歴書の空白」とは、最後に働いていた日から期間が空いてしまい、なかなか雇ってもらえないという問題のこと。

田中さんの場合、最後に勤めていたのが3年も前だと履歴書からわかってしまうため、面接官からは「この3年間、どうやって生活していたんですか？」と必ず聞かれる。その際、「生活保護を利用していました。ホームレスでした」と言うと、この人は長期間仕事をしておらず何か問題があるのだろうと思われて、まず雇ってもらえない。

では、「貯金で暮らしていました」と言うのはどうだろうか。それはそれで、やっぱり雇ってもらえない。最近まで働いていた人と、3年間働いていない人と、どちらを雇いたいかというと、最近まで働いていた人となるのが採用担当者の心理。そんな履歴書の空白から、再就職先を探すのが困難な状況にある人も多い。

しかしそういった状況でも、役所の生活保護担当者であるケースワーカーからは、早く仕事を見つけてくださいというプレッシャーがかかる。田中さんは、ご近所の噂、仕事が見つからない焦り、ケースワーカーからの圧力、この3つの板に挟まれ、いつの間にか、外にも出たくない、何もやる気が起きないという軽いうつ状態になっていったそうだ。

そんなとき、役所からハブチャリの仕事を紹介してもらった田中さんは、二つ返事で手を挙げたという。ハブチャリは、半年間を目安に働いてもらいながら、次の仕事を見つけていってもらう、就労リハビリとしての機能も持っている。

面接に行った際、履歴書にハブチャリで現在も勤務していると書いているのと、直近3年間の就職実績がないのとでは雲泥《うんでい》の差だ。採用担当者の心証もよくなるため、面接に受かりやすい。

さらに急にフルタイムで働くとなると、本人も体力的にしんどく働く勘もまだ戻っていない。そこで、最初は週1日でシフトに入ってもらい、本人の状況に応じてシフトを増やしていき、身体を慣らさせるという仕組みを考えた。

そして何より、家で引きこもりがちだった田中さんにとって、家の外に出ることそのものが大きな意味を持っていた。面接に来た際には、笑顔を一切見せない、どんよりとした表情だったが、もともと、世話好きでおしゃべり好きという田中さんは、徐々に他のおっちゃんたちとも話しはじめ、いつの間にかハブチャリの中心人物となった。事務所に飼い猫を連れてきてくれることもあった。さらには、勤務時間外も住吉区にある4つの拠点を周り、この拠点にはこの書類が足りていないといった情報を事務所に報告してくれるようになったのだ。

こういった変化が見られたのは、田中さんだけではない。

関わってくれたおっちゃんたちそれぞれに、変化があった。

初めてのお給料日
――おっちゃんは何にお金を使ったか

おっちゃんたちが働きはじめて1か月が経過した。いよいよ、給料日だ。

路上生活中の人には日払いで現金を手渡しして、その中から少しずつ貯金してもらい、週払い、月払いに移行していくことにした。ただ、区役所からの紹介でやってきた人は、生活保護や年金を受給中の人も多く、月払いとなった。銀行振込の人もいれば、現金手渡しの人もいる。その点はできる限り柔軟に対応することで、より多くの人に働いてもらおうと考えた。


「おつかれさまでした～」

そう言いながら、給料と明細を渡していく。

「給料日なんて久々や」

と、嬉しそうなおっちゃん。

しかし、あるおっちゃんは、無言で封筒を受け取り、走り去っていった。

「あいつ、どないしたんや〜。せめて礼くらい言ってから行かんかい」

そう他のおっちゃんが言うのを聞きながら、私も「どうしたんでしょうね〜」と不思議がっていた。

すると、数分後にそのおっちゃんがカップ麺を3箱抱えて戻ってきたのだ。

身長が150センチメートルにも満たない小さなおっちゃんが、積み重なったカップ麺の箱で見えなくなっていた。

「これ、わしから事務局に差し入れや」

私は、この言葉を一生忘れないだろう。

そのおっちゃんは、3年ほど前から生活保護を利用するようになったのだが、生活は安定したものの、気持ち的には憂鬱だったという。

「生活保護は国のお金やから、自分の好きに使うのには抵抗がある。ましてや、人にものを贈るなんて……。でも、（ハブチャリで稼いだ）このお金は自分で稼いだもんやから、自分の好きに使える。だから真っ先に、お世話になった事務局に、自分の好きなもんを差し入れしたかったんや」

ホームドアで働くおっちゃんの多くは、独り身の男性だ。そのため、主食はインスタントラーメンやスーパーのお惣菜であることがほとんど。そこで、自分の好きなカップ麺を差し入れたら喜ぶだろうとたくさん買ってきてくれたのだ。なんとそのおっちゃんは、この日のためにコンビニに頼んでカップ麺3箱を予約していたという。給料を渡した瞬間に駆け出したのは、予約の引き取り時間に間に合わないと急いだからだったのだ。

わざわざ予約までしていたのかと驚きながら、むしろそこまでするなら、コンビニじゃなくてもっと安いスーパーとかで買えばいいのにと伝えると、「プレゼントするのに安売りされているものは渡せない」と変に律儀だった。

それまで私は、万年ダイエット中だったのであまり好んでラーメンを食べてこなかった。だが当時は忙しくてアルバイトも辞めてしまい、収入がなかったので、背に腹はかえられないと、その日からカップ麺を毎日食べはじめた。

すると、それを見たおっちゃんらが、

「この子らはいつもカップ麺ばっかり食っとる。わしらと一緒や！」

こうして、おっちゃんたちからの差し入れは、毎回カップ麺となった。

それが連鎖し、カップ麺生活を半年ほど続けた頃、なぜか私は3キロ痩せていた。

おっちゃんらにはお給料を払って、自分はお金がなくなり、おっちゃんからの差し入れで生きている。なんとも不思議な構図となった。

中間的就労――次の仕事へのステップとしてのハブチャリ

住吉区でのハブチャリ開始から3か月が経った頃、中間面談を実施した。基本的に、ハブチャリは半年間の契約。ずっと働いてもらうというより、あくまでも中間的就労の一環として、うちをステップに、次の就労先につないでいくことを重視している。

おっちゃんたちには、ハブチャリで勤務しながら次の仕事を探してほしいと伝えていたので、早い人は3か月も経たないうちに、次の仕事を決め、卒業していった。このとき唯一、女性で勤務してくれていた安田さんは、40代のシングルマザーでお子さんは小学3年生。難病を患い、5年近く休養しながら、生活保護を利用して暮らしていた。少しずつ持病がよくなるなかで、さあ働いてみようと思っても、生活保護を利用しているとなると雇ってくれる会社もなく、一方で安田さん本人も自分が働けるかどうか不安でいっぱいだった。するとその様子が採用担当者にも伝わってしまうのか、なかなか仕事が見つからず、自信を失っていた。

安田さんが他のおっちゃんたちと上手く関係性をつくれるかどうか、こちらも心配ではあったが、おっちゃんたちからは、

「安田さんが働くと、ポートセットが整理整頓されて助かる！　お金の計算とかもあっているか確かめ直してくれる！」

と大変好評だった。

笑って聞きながらも、むしろ、それらのことはみんなにもやってほしい、と思っていたのだが……。

安田さんは働きはじめて2週間も経たないうちに、次の仕事を探しはじめた。こちらとしては、そんなに急いで探さなくても、体調のこともあるしゆっくりでいいんじゃないかと勧めるも、自信がついた今のうちにがんばりたいんです、と譲らない。

「早く仕事を見つけるよりも、焦らずに、本当にぴったりくる会社を探したほうが、長く働きつづけられるんじゃないですか。体調のこともあるし、長い目で見たらそっちのほうがいいんじゃないかと思います」

そんな月並みなアドバイスしかできない自分にもどかしさもあったが、それでも3か月後には仕事を見つけていた。その勤め先の社長さんに病気のことも理解してもらえたと嬉しそうだった。

「忘年会って、働いているやつの特権やからな」

「忘年会はあるんか？」

12月に入り、何人かのおっちゃんがそう聞いてきた。忙しい日々の中ですっかり忘れていたが、もうそんな季節だ。実施する予定はなかったが、そんなに言われるなら、開催してみてもいいかもしれないと、学生ボランティアたち（私も学生だが）と企画を練りはじめた。

普段カップ麺ばかり食べているおっちゃんたちに、手料理を振る舞おうと、当日は学生たちが各々《おのおの》つくった料理を持ち寄った。おっちゃんたちの中に、大西さんという中華料理屋で働いていた方がいたので、お願いしたらエビチリをつくってくれた。素材から出汁《だし》をとるこだわりようには驚かされた。

忘年会の様子

学生たちがお手製の看板や飾りで事務所内をクリスマス仕様にしてくれた。20平米の事務所におっちゃんと学生が10人くらい集まり、それはもうぎゅうぎゅうだった。

ご飯を食べたあとは、ゲームタイム。おっちゃんたちとジェンガを楽しんだ。罰ゲームは黄色いマスクをつけること。ここだけの話、おっちゃんがかぶった黄色いマスクはさすがにかぶりたくないと、学生たちは必死だったが、60代のおっちゃんたちは手先が震えていたり、ジェンガの積み木より自分の親指のほうが大きい人もいたりして、すぐにジェンガは倒れてあまりゲームにならなかった。

それでも、ものすごく盛り上がった。

帰り際におっちゃんが、

「忘年会って、働いているやつの特権やからな。10年ぶりやったわ」

と嬉しそうだった。

ハラハラとケーキでおなかいっぱいの誕生日

忘年会も終わり、落ち着いた年末を迎えられるかと思いきや、2人のおっちゃんが私の服のサイズを聞いてきた。

「えっ、服のサイズ聞いて何に使うん？」

「楽しみに待っときや」

おっちゃんはそう言うものの、心配すぎて楽しみになるはずがない。

どうやら、年明けの私の誕生日に服をプレゼントしてくれるようなのだ。

実は、忘年会後にもクリスマスプレゼントと言っておっちゃんから、松本と私に色違いのニット帽が渡された。しかし、そのニット帽はあずき色とピンク色で、60歳くらいのマダムがかぶるような帽子だったのだ。おっちゃんは、わざわざブティックまで行って、その店員さんに、「若い子にプレゼントをしたいから選んでほしい」と選んでもらったようで、とても自信がある様子だったが、店員さんは、プレゼント相手の年代を完全に間違えていた。

そんなこともあって、服をくれると言っても心配しかないし、そもそも、贈り物はやめてほしい（その分は貯金したり仕事を探すのに使ってほしい）と何度言っても伝わらない。お世話になっているんだから、プレゼントくらいさせてほしいとおっちゃんたちはかたくなだった。

そして迎えた誕生日の朝。事務所のオープンと同時にひとりのおっちゃんが手に何かを抱えてやってきた。どうやら、誕生日ケーキにしてくれたようだ。服や帽子でないことにホッとしながら、せっかくなのでおっちゃんと一緒にケーキを食べた。

「わしは、こういうことにまで気が回るねん。こんなんするん、わしだけやろ」

おっちゃんからの誕生日ケーキ

そう言いながら得意げだった。

　そのおっちゃんが帰って数分後、また別のおっちゃんがやってきた。

手には、またもや同じような箱。ケーキだった。

そして、そのおっちゃんも言う。

「わしは、誕生日とか記念日を大切にするタイプやからな。ここで働いとるもんの中でいくと、わしぐらいやろ」

　さすがにおなかいっぱいだったので、冷蔵庫にしまっておいた。

　ちょっとするとまたもやケーキが。さらに、服のサイズを聞いてきたおっちゃんは、ケーキと一緒に服の通販雑誌も持ってきた。「この中から、好きなの選び」とのことだが、そんなの選べない。さらにさらに、もうひとりの服をくれると言っていたおっちゃんは、「自分では年頃の女の子が好きそうな服なんかわからん」と言って松本にお金を渡し、松本が代わりに講演会でも使えそうなワンピースを選んで持ってきてくれた。いろんな意味で、助かった……。

結局この日、７つのケーキをいただいた。もちろんこれで、カップ麺生活で痩せた分はあっけなくリバウンドした。

１本の電話から改めて思い知った「当たり前」の重み

「あのー、ハブチャリ、テレビで見ました。ハブチャリ、働けます？」

ある日、事務所にカタコトの日本語で１本の電話がかかってきた。どうやら、住吉区でのオープニングセレモニーの様子をテレビで見たらしい。

「ご連絡ありがとうございます！　ぜひ一度、履歴書を持って面接にお越しください！」

それが、ジョンさんとの出会いだった。ジョンさんは日系人で日本への憧れが強く、ブラジルから出稼ぎに来て20年。日本国籍も取得したものの、60歳で契約満了を迎えて仕事を失うと、次の仕事がなかなか見つからず、ずっと仕送りもしていたために貯金もあまりなく困窮状態に陥っていた。そして、面接に来てくれたジョンさんから、衝撃発言が飛び出した。

「実は、8月の最初の頃にハブチャリ、テレビで見たんです。すぐ、ここで働きたいと思ったんですが、そのとき、メモ、用意をしてなかったから、どこに電話すればいいか、わからなくて……。それで、ネットで検索しました。でも結局、わからなかったんです」

「あ、パソコン、使えるんですね」

「いや、使えないんですが、働きたかったのでがんばりました。でも、『ジテンシャ』って検索しても、全然見つからなくて……」

「じ……自転車で検索をかけてくれたんですね。ちなみに、パソコンはどうしたんですか?」

「パソコン、図書館に行きました」

「そこまでしてくださって……。ありがとうございます。それで……、結局どうやって探されたんですか?」

「調べられないから、また出てこないかなと、いつもテレビ、探してました。すると1週間後、また出たとき、今度はちゃんとメモとペン、用意してたから、『ホームドア』と書けて、また図書館、行きました」

熱意が実を結び、ハブチャリとめぐり会えたジョンさん。熱意もそうだが、この丁寧な言葉遣い、柔らかすぎる物腰に驚いた。

ジョンさんは、ひらがなは読めるけれど、漢字が読めず、なかなか次の仕事も見つからなかった。友達もほとんどいなかったため、毎日が孤独で、途方に暮れていたそうだ。

ジョンさんがハブチャリで働きはじめてしばらく経つと、ポートの書類にすべて、ふりがながつけられていた。他のおっちゃんが、漢字が読めないジョンさんのために書いたものだった。

「働きたいと思えば、誰もが働ける」

当たり前のようだけど、当たり前ではない。
そんな場所を提供しつづけたいと改めて思った。

危うく役所に直談判
――おっちゃんたちの驚異の行動力

「なぁなぁ、ハブチャリの役所の担当はどこなん？」
実験の運営にも慣れてきた頃、あるおっちゃんが唐突に聞いてきた。私はびっくりして、担当部署を答えると、さらに、担当者名まで聞いてきた。

「○○さんて方ですけど……え？　どうしたんですか？」

そう聞くと、おっちゃんは、

「おっけー！　わかったわ！」

と言い残して帰ろうとする。私は必死でひきとめて話を聞いた。

「え、なんかあったんですか？」

クレームでも発生したのかなと、恐る恐る聞くと、おっちゃんはしぶしぶ教えてくれた。

「いや、今、住吉区に4つポートあるやん。もっと長居公園のほうにも拠点置いたらええと思うねん。だから直談判しに行こうと思って」

私はこの行動力に本当に驚いた。おっちゃんはおっちゃんなりに、ハブチャリがどうやったら使われるか、どうなればお客さんにとって便利かを考えてくれていたのだ。

また違う日には、別のおっちゃんがいきなり写真を持ってきて、

「この間、視察に行ってきたんや！　このレストランの前のスペースでハブチャリのノキサキ貢献できるやろ！　もし、わしらの人件費が邪魔して、ハブチャリ拡大できひんのやったらタダ働きでもええから！」

と言ってくれるのだ。


「な……なんでそこまでしてくれるんですか？」

そう聞くと、

「こういう場所、もっと増えたらいいなと思って……。もっと多くの人に、俺らのようになかなか仕事が見つからん人に、働いてもらえたらなって」


そんなふうにおっちゃんが思ってくれることが、ただただ嬉しかった。

COLUMN 06

＊1　ポジティブ変換の力

何かをしようとするとき、必ずネガティブなことは起きるし、ネガティブなことばかりをわざわざ伝えてくる人と出会うこともある。そんなとき、私はポジティブ変換するようにしている。

たとえばひどいことを言われたとき。ひどいことでも話しかけてくれる人がいてよかったとか、何も言われないよりはましだとか「言い聞かせる」。もしそれでもポジティブ変換できないときは、「念じる」の域に入る。「○○でよかった。○○でよかった」と100回くらい自分の心に暗示をかけて、ひたすらポジティブな刷り込みをすることにしている。すると嫌なことを忘れてしまう（ただし、スタッフからは過去の出来事を忘れすぎだとよく叱られるが）。

第7章

すべての人に「居場所」を

——6つのチャレンジで選択肢を増やす

住吉区での〝終わり〟と北区での〝始まり〟

住吉区の半年間の実験が終わろうとしていた2013年3月。

私はまたしても辛い時期を過ごすこととなった。

大阪市では区長公募制という制度が始まり、東京都のように区長職への民間人登用が始まった。それにより、この実験に意欲的だった区長はいなくなってしまった。

ホームドアとしても、30人に働く場所を提供でき、確かな手応えはつかんでいたが、冬期の実験ということもあって、利用者数は伸び悩んだ。4つのポートのうち、実績のよかった2つのポートだけでも継続できればと懇願したものの、それは叶わなかった。雇用対策にはなったかもしれないが、自転車対策としてどう効果をあげたかと問われても、半年間の実験で結果を出すことは難しかったからだ。

住吉区での実験が終了すると、また元に戻ってしまう。

このまま終了してしまっては、せっかくこの半年で得たものが失われてしまう。その危機感から、次の一手をどう打てばいいのか模索していた。
実験期間中に、大阪市24区のうちの半分くらいの区へ営業には行っていたが、いつも通り「いいことですね」とは言われるものの、その先にはつながらなかった。他の区での実施可能性を計算し、確率をはじき出すも、30％以下という数字が出た。

住吉区からの紹介で働いていた人の多くは、次の進路を決めることができていた。しかし中には、まだ次の仕事が決まらない、もう少しハブチャリで働いてもらいながら様子を見たいなという方が残っていた。住吉区以外に梅田スカイビルや大阪ガスビルなど、企業からの協力で開設したハブチャリのポートもあるので、そちらでの雇用も可能かとは思いつつ、せっかく行政とやりはじめたこの協働を中途半端に終わらせることには抵抗があった。

というのも、シェアサイクル事業は本来、公共交通としての役割があるため、他の自治体では行政主導で運営している。当時は民間団体が自主財源で実施するという例はほとんどなく、私の発想の中にも行政から予算をもらうのは難しくても、公共の土地にもポートを設置していかなければ運営が成り立たないのではないかという気持ちがあった。

しかし、いかんせん次の一手が見当たらない。八方塞がりのような気がして、事務所でおっちゃんたちに会うのも辛くなっていた。

そんなとき、井原正博さんと出会った。

井原さんも学生の頃に起業し、その後、30年近く、大阪心斎橋にあるアメリカ村のまちづくりを手がけてきた起業の大先輩だ。井原さんは、アメリカ村の自転車対策の観点から、シェアサイクルをもっと大阪で広めたいと以前から活動されていた。「世界中どこ見ても、高級ブランド店の前に違法駐輪の自転車が置いてある光景なんてない。大阪の恥だ」と、いつもこぼしていた。

ある日、井原さんの前でプレゼンをすると、「プレゼンがいい」と褒められ、それ以降、井原さんの知り合いに会うたびに、プロジェクター持参でプレゼンをさせてもらった。

その中で、大阪市北区役所も紹介していただいた。北区では、区長公募制でやってきた方が、なんでも押し通してしまうくらいの突破力を持っていて、逆にハブチャリを1年間実験しようとおっしゃってくれた。

結果、異例の早さで2013年4月から大阪市北区で実験を行えることとなった。ただ、今回は補助金等は出ないので、自主財源での実施となる。しかし、大阪市北区といえば、大阪随一の商業エリアである梅田周辺を含んでおり、多くの利用者を見込めた。

利用料収入でおっちゃんたちの人件費をまかなう――まだ不安は残るが、その覚悟を固め、実験をスタートさせた。

おっちゃんたちに見送られ、新天地へ

北区での実験開始時も、オープニングセレモニーを行った。今回も、ありがたいことに多数のテレビや新聞に取り上げてもらうことができた。

そろそろテープカットには飽きたということで、住吉区で働くおっちゃんと学生たちがくす玉をつくってくれた。しかし、くす玉はきれいに割れず、テレビではその様子はカットされてしまった。

北区では、まず区役所前の1か所で実施することとなり、今回も就労困難にある人をまずは15名ほど、紹介してもらった。もちろん、前回と同様、北区でも給料を渡す場所が必要になってくるので、北区内に事務所を引っ越すこととした。

今度は泊まり込む必要がないようにしたいので、普通のオフィスを探した。ただし、そのビルの駐輪場でもハブチャリを実施できるような場所で、という条件で、アクセスもよ

オープニングセレモニーでの一幕

さそうな20平米ほどの場所を選んだ。結局のところ、自分たちのオフィスでもハブチャリを実施したほうが、お客さんとも顔を合わせられ、どんな人が借りに来てくれているのかという動向も把握できる。もちろん、単純にひとつでも多くのポートを開設したかったというのもある。おっちゃんたちがいつでも休憩できるように、事務所の一角に机と椅子を置いた。

なんと引っ越しは、住吉区での実験時に運送会社に就職が決まった田中さんが担ってくれた。勤め先に交渉してトラックを借りてくれ、他のおっちゃんたちと荷物運びをしてくれたのだ。

住吉区に引っ越したときは、知り合いなんていないので、友達に手伝ってもらった。それが住吉区から引っ越すときには、こんなにも多くのおっちゃんたちが次の門出を見送ってくれて、なんだか嬉しかった。いつの間にか、2トントラックが満杯になるくらいの荷物量になっていたのには驚いたが……。

無事に引っ越しを終え、早速紹介を受けた15名に連絡し、再び面接の日々がスタート。住吉区で半年間30名を雇用したという経験があったので、なんとなく、おっちゃんたちのパターンもわかってきて、少し余裕ができていた。ハブチャリの研修や就業のルールもようやく体系化できた。

また、ハブチャリの売り上げだけでは、ハブチャリで働くおっちゃんたちの給料を出すので精一杯だったが、少しずつ実績も積んできたことで、助成金を受けられることとなり、ホームレス経験もある50代の男性をスタッフとして採用した。

ちなみに、この頃の私と松本は、まだ学生だからと、律儀に毎月5万円だけ受け取っていた。

引っ越しを手伝ってくれたおっちゃんたち

新事業「ホムパト」を始めて得たもの

大阪市北区で実験を開始して半年。住吉区と違ってポートの設置場所の通行量も多いので、利用者数は順調に伸びていた。おっちゃんたちも、クセの強い人は多いものの、こちらも50代男性スタッフがいるので以前のように甘く見られることはなくなった。設立して初めてとも言える、平凡な日々が訪れようとしていた。

すると次を考える余裕が生まれてくるもので、そろそろハブチャリ以外の事業も手がけていきたいねという話が自然に出はじめ、ホームドアなりに夜回り活動を実施できないかと考えた。というのも、私たちが事務所を置く大阪市北区は、釜ヶ崎のある西成区に次いでホームレスの人が多く、特に梅田駅周辺は大阪の玄関口ということで、地方から大阪に仕事を求めてやってきたもののなかなか見つからず、ホームレス状態になってしまったという、「なりたて」の人が多いエリアだ。それに、なりたて層の方は路上脱出への願望が強く、私たちのメソッドでもあるハブチャリでの就労支援に適合しやすいのではないかと考えた。

また、西成区にはホームレス支援団体が私の知る限りでも30以上はあるが、北区ではそこまでの数はない。また、多くの支援団体では、法人格を持たず、夜回り、炊き出し、相談支援、就労支援とそれぞれの部分のみで活動をしているところがほとんどだ。

それを、夜回りのようなアウトリーチ活動に始まり居宅や仕事のサポートまでを一貫してやっていくことは意義がある気がした。そこでまず、職員だけで夜回りコースの下見を重ね、ある程度コースを確定させた。実施日を毎月第2火曜日に固定し、ボランティアを募って、スタートさせることができた。

ちなみに、「ホームドアが夜にパトロールする」で、「ホムパト」と名づけた。

18時半に事務所で集合し、参加者にはDVD教材『「ホームレス」と出会う子どもたち』を見て夜回り活動のイメージを持ってもらう。それから、お弁当をつくってミーティングをして、20時半頃から2コース（2020年7月現在は4コース）に分かれて、23時頃までお弁当を配布する。また、単に物質的な支援としてお弁当を配るだけではなく、手書きのメッセージを添えたチラシも一緒に渡すことにした。チラシには、「路上からでも働ける仕事があります」と求人内容を記載した。

「こんばんは〜、夜回りです。お弁当持ってきました」

最初は、まだホームドアのことを知るおっちゃんは少なかったが、そのうち、「ああ、自転車のとこやろ?」と言われるようになった。

さらに、「北区に引っ越してきて、夜回り始めたばっかりなんです」という話をしていると、「ほな、ついといで。あっちにもおるから」と他のおっちゃんのところへ案内してくれるようになり、いつの間にか、ホームドアの夜回り活動では、参加者の4分の1が当事者や当事者経験のあるおっちゃんとなった【＊1】。

そうなってくると、お弁当を配られる側のおっちゃんたちが信頼を寄せてくれ、少しずつ、夜回り経由で知り合ったおっちゃんがホームドアで働くようになっていった。

多様な選択肢を提供しよう——元料理人のおっちゃんが教えてくれたこと

北区でのハブチャリ実験にも慣れた頃、2か月ごとにおっちゃんたちと定期面談を始めた。

「大西さん、いつもどこのハローワーク行ってるんですか？」

「ハローワークなんか行けへんで。わしな、自転車で回りながら飲食店の前に貼ってる求人のポスター見て探してんねん。でも、あんまないねん」

衝撃的な返事だった。この文明が発達した現代、そんな原始的な仕事の探し方をしているおっちゃんがいたのだ。

大西さんには、中華料理屋で長年働いてきた経歴がある。しかし最後に包丁を握ったのは4年も前。本人の希望としては、もう一度、飲食の仕事に就きたいということだった。まだ、50代前半。仕事を見つけるには今しかないと、やや焦り気味だった。さすがに、ハブチャリと飲食では職種が違いすぎて、就労リハビリというには心許ない。そこで、ホームドア側から何か飲食系での就労体験を提供しようと考えた。

しかし、当然ながらハブチャリ以外の仕事の提供はホームドアにとっても初めての試み。大西さんも働きたいけれど、久々だからか自信がない様子で、事務所に来るたびに「働かない」「やっぱ働く」と言うことがころころ変わった……。

そんなある日、とある企業さんから、大阪で毎年行われている食の大イベントに出展するにあたり、誰かいい人はいないかとお誘いがあった。お試しで大西さんに働いてもらうにはまたとないチャンス。しかし、極度の方向音痴だという大西さんにイベント会場までの道のりを何度説明してもらうのは難しく、心配なので2人の学生サポーターをつけることにした。こうして、大西さんのアルバイトが始まった。

数十万人が来場するという巨大イベントでの1週間の就労体験。終了後、大西さんは見違えた【＊2】。一緒に行った学生サポーターとともに、求人情報誌をチェックするようになり、イベントでの経験を履歴書にも書くことで、書類審査に通過するようになってきたのだ。

そして2013年7月。大西さんはついに念願だった飲食の仕事に就くことができた。なんと、初の給料で焼肉をご馳走してくれた。苦労も多かったけれど、そのときのひと言ですべてが報われた気がした。

「イベントやハブチャリで働けたのはやっぱり大きかった！」

困窮状態から脱出したいと思ったとき、この仕事があれば大丈夫という絶対解というのはない。それよりも、あんな方法、こんな方法もあるという具合に、多種多様な選択肢を提示し、その人にぴったりくる手段を提供できるほうがいい。選択肢が多ければ多いほど、脱出の確率は上がるのではないか。そう確信した瞬間だった。

自転車対策事業を開始——社会構造から生まれる問題に新しい解決策を

大西さんの一件から、何か他の仕事も提供できないかと模索しはじめた。ハブチャリと相性がいいものはないだろうかと考え、まず、雨の日でもできる仕事を検討した。ハブチャリは、雨の日の利用者はほぼいないため、閉店することとなる。そこで逆に、雨の日だからこそ需要が伸びる、そんな事業はないかと考えた。

結果、考えついたのは、リサイクル傘の販売。不要になった傘を寄付でもらい、おっちゃんたちが修繕して、1本200円くらいで販売するというものだ。

雨だから傘。安直《あんちょく》に見えるが、少し調べてみるとこれが深刻な環境問題にもつながっていることがわかった。日本だけで、傘は年間1億2000万本消費されていて、忘れ物となった傘の多くが廃棄されているのだ。

これをリサイクルして、ハブチャリの拠点で販売ができないかと思い、早速傘の寄付を募った。

すると、驚くほど多くの寄付が集まったのだ。家にいつの間にか、3本〜5本もビニール傘が溜まってしまっていたという人から寄付があったり、商業施設から処分に困った傘の忘れ物が数百本単位で届けられたりした。しかし、傘の寄付はたくさん来るが、修理や販売まで手が回らない。それに傘を1本売ったところで利益はたかが知れているので、事業化しにくく、結局頓挫《とんざ》してしまった。

次に検討したのは、自転車対策事業だ。ちょうど、行政の人からも課題であるという話を聞いていたので、何かできるのではないかと考えた。

自転車対策事業というのは、駅前での違法駐輪を防止するために、停めてある自転車にエフと呼ばれる警告の札をつけ、通行の邪魔にならないように自転車を整理していく作業だ。しかしこの事業は、行政からの委託で実施するので、公平性を保つため毎年業者が選定される。その選定される業者は派遣会社であることが多く、派遣切りの発生原因にもつながっているという話も聞いた。

また自転車対策事業というのは、本来ないほうが好ましい事業だ。なぜなら、みんなが駐輪場に停めてくれさえすれば、この事業にかかる費用は発生しないはずだから。

ハブチャリを運営するなかで、自転車対策についても考えるようになったが、この事業を就労支援の場に充てることができたら、委託で派遣会社がやっている現状よりも大きな社会的インパクトを生み出せるような気がした。

50代のおっちゃんが、30代の新人に指導している様子

ホームドアでは、基本的に半年間の就労支援を経て、次の就労先につないでいく。中間的就労を実施するのだから、1年ごとに仕事が取れるか取れないかというのは、そこまで大きな問題ではない。そして、自転車対策にお金を使うのであれば、同じお金で就労支援も兼ねることができたほうが、行政的にも助かるのではないかと考えた。

ハブチャリでは料金の計算や接客等もあるので、そういうのが苦手な人にこの仕事は向いている。また自転車対策事業の場合は、二人一組で作業をしていくので、ペア同士でフォローし合いながら勤務できる点もホームドアの就労支援という趣旨にぴったりだと思えた。頭をひねりながら提案書を作成し、無事に受託することができたのだった。

ネットカフェに広告を出した理由 ――課題の変化に即応できるか

「おっちゃん」と何度も書いてきたが、少しずつ相談者の傾向も変わってきた。若い相談者の増加である。

中には、私（当時23歳）と同い年や、私より年下の相談者も訪れるようになってきた。なぜ困窮状態になったのか話を聞いていくと、そのほとんどが、家庭環境が原因でホームレス状態、もしくは深夜営業店舗（ネットカフェやファストフード店、アミューズメント店等の施設）で寝泊まりをしている状態であった。

日本では一般的に、深夜営業店舗で寝泊まりをしている人は、「ホームレス」には含まれない。道路や駅舎、公園等で寝ている人がホームレス状態にあると、ホームレス自立支援法では定められている。しかし諸外国では、家がない状態、つまり固定の住居を持たない時点でホームレス状態であると認識されている。つまり、日本の「ホームレス」の定義は非常に狭いのだ。そのため、深夜営業店舗で寝泊まりをしている人の正確な人数や実態は不明だが、厚生労働省が調査したホームレス数の統計の数倍はいるのではないかと、支援者間では言われている。

若くしてホームレス状態になった人の多くは、金銭的な理由や、保証人がいない、住民票がないといった理由で家を借りられず、ネットカフェに滞在しながら、仕事に行っている。最近では、携帯電話さえあれば、比較的年齢が若い人なら派遣の仕事を見つけることは可能だ。日銭《ひぜに》を稼ぎ、そのお金でネットカフェ代を捻出し、滞在するという生活を続けている人も多い。いわば、深夜営業店舗が今の日本の住まいのセーフティネットを担ってしまっているともいえる。

これまでに、国も含め実態の把握に動いてきたようだが、深夜営業店舗に聞いても「初来店時に会員カードを作成するために身分証の提示を義務付けているので、そういう人はいない」と言われてしまうこともある。寝泊まりしている人に一人ひとり話を聞いていくわけにもいかない。路上で寝ていれば、その人がホームレスであるとすぐに判別できるので、ホムパトのお弁当とチラシを渡して、関係性を深めていくことも可能だが、深夜営業店舗でそうすることは難しい。

そこで編み出したのが、深夜営業店舗側に、ポスターなどの広告を貼らせてはもらえないかと打診していくこと。セーフティネットとしての機能を実質的に担っている以上、貧困問題解決に向けて一緒に動いてもらえませんか——そう交渉を進め、なんと全国に100店舗以上ある大手ネットカフェ会社にポスターとバナー広告を掲載してもらうことに成功した。

困ったときに、遠慮しないで相談してほしい。そのことを伝えるためには、困窮状態に陥った人が目にするような場所に、こちらから積極的に広告を出す必要がある。このときの経験から、その必要性を感じはじめたのだ。

ピカピカの包丁と2回目の忘年会

昨年の忘年会があまりにも大好評だったので、毎年の恒例行事にしようと、2013年も開催した。昨年同様、ハブチャリスタッフの中から調理経験のある人に料理をしてもらおうと考えた。その年はなんと、京都で修行を積んだあと、大阪で2店舗も割烹料理店を営んでいた本田さんがいたのだ。これは期待が高まる。

相談に来る人のうち、2割近くは飲食関係で勤務していた経験があるので、毎年安定的に忘年会の料理づくりは担ってくれそうだ。また料理を振る舞うことで、ハブチャリでは得られない、「自分のつくった料理を誰かに食べてもらう喜び」というのを再び感じてもらえる。その体験が就労意欲の向上につながるような気もしていた。しかし本当の狙いは、私がおいしいご馳走を食べたいから、であることは言うまでもない。

前年に料理してくれた大西さんも出汁へのこだわりが強かったが、料亭で働いていた本田さんも相当なものだった。まず、事務所にはお粗末な包丁とまな板しかなかった。それを見て、

「わしにプラスチックの上で料理をしろというのか」

と一喝された。急いで職員が、実家から重厚なまな板を持ってきた。包丁は本田さんがアタッシュケース入りのものを持ってきてくれた。肩を壊して、お店をたたんでからもう10年も経つというのに、包丁はピカピカだった。

本田さんが、「みんな、普段ええもん食べてないやろからな。寿司でもつくったろ」と

張り切ってくれた。私は、予算オーバーしないかヒヤヒヤ。もちろん食材へのこだわりは強く、スーパーで刺身を買ってこようとしたら、「何言うてんねん。市場行くぞ」と、事務所近くの天満市場に職員が駆り出された。

本田さんは10年前までは毎朝天満市場に通っていたそうで、本田さんのことを覚えているという市場のおばちゃんたちからたくさん声をかけられていた。本田さんは職人気質《かたぎ》で、いつも眉間にしわを寄せているのだが、このときばかりは、顔がほころんでいた。

本田さんが握りはじめると、少し早く来た他のおっちゃんもかつて料理の仕事をしたことがあると漏らす。そんなおっちゃんにも、快く握らせる本田さん。他のおっちゃんがやっていたのは本田さんのような高級店ではなく大衆食堂。本田さんは、握りやすいタコをそのおっちゃんに握らせてあげていた。本当の職人というのはこういうものなのかと感動した。

そして続々とハブチャリスタッフが集結し、ついに宴会がスタート。「俺はワインしか飲まないんや」というおしゃれなおっちゃんがいたり、私や松本のグラスはいつ空くのかとずっと目を光らせては「早く飲んだら〜？」と催促してくるおっちゃんがいたり（普段めったに酔わない私もさすがに酔った）、10年間ひきこもっていたというおっちゃんが初めてたくさんしゃべったりと、思い思いに楽しんでくれた。

しかし、最後に2つ事件が起きた。

ひとつは寿司酢事件。本田さんは寿司酢にも並々ならぬこだわりがあった。給湯室で鍋をコンロの火にかけてお酢を調合していたようで、オフィスビルの廊下中にすごい匂いが広がっていた。さすがに管理会社にも「これはなんの匂いだ？」と問い合わせが入ったようで、忘年会をしていたことがバレてしまい、厳重注意を受けた。

そして、もうひとつは毛布雪崩《なだれ》事件。20平米の事務所は常に荷物であふれかえっており、企業からいただいた毛布の置き場がなかったため、応接スペースに天井まで高く積み上げていた。いつも来客に毛布が倒れてこないかヒヤヒヤしていたのだが、それがついに、忘年会の記念撮影のときに私に襲いかかってきたのだ。毛布に埋もれながら、私は引っ越しを決意した。

崩れ落ちてきた毛布に埋もれる筆者

大学卒業、そしてまた引っ越し

忘年会の雪崩事件のこともあり、年が明けてから物件探しに本腰を入れた。というのも、私が大学を卒業してついにホームドア専従となった【*3】2014年には、相談者数も年々増え、90名がホームドアの扉をたたいたからだ。20平米のオフィスでは、そろそろ限界。ついには、事務所におっちゃんが10人、職員が6人、さらにお客さんが来てしまうとすし詰め状態に。職員が近くのカフェで仕事をせざるを得なくなるという事態が発生していた。

また、ホームドアでは相談者に無料で食事を提供しているのだが、その多くが保存が利き手軽につくれる袋麺であることが多い。それが、オフィスビルにある給湯室でつくらざるを得ず、給湯室に1個しかないコンロ前には、袋麺をゆでるおっちゃんの行列ができていた。そうなると、ついに管理会社から「ラーメンはつくらないでください」と禁止令も出てしまった。追い打ちをかけるように忘年会での寿司酢事件も発生。もう出ていくしかなかった。

いざ引っ越すとなると、「せっかく引っ越すなら……」と、どんどん欲が出てくる。
相談者も増えてきたし、プライバシーの守れる相談室も欲しいなぁ。
仮眠が取れる部屋があればいいなぁ。
どうせなら宿泊もできたらいいなぁ。
シャワーとかあれば、おっちゃんたちに好評だろうなぁ。
キッチンで、夜回り用のお弁当をつくりたいなぁ。
木のぬくもりを感じられる事務所がいいなぁ。

シャワーやキッチンがあるとなると、普通のオフィスビルでは難しいので、一軒家ということになる。その方向で絞って、不動産会社に探してもらうこととなった。

しかし、この物件探しは暗礁に乗り上げた。

というのも、ホームレス支援団体に物件を貸してくれる人はまれなのだ。特に一軒家となると、個人所有であることが多い。実際にこの物件に入居したいと伝えるも、「ホームレスの人が来るなら貸せない」「ご近所に悪い」「貧困ビジネスなんじゃないか」と貸してはもらえず、悲しい気持ちでいっぱいになった。別に、悪いことをしようなんて1ミリも思っていないのに、なんで断られてしまうんだろう……。

棚をつくっている様子（上）と、完成した棚

早く引っ越さないとオフィスはぎゅうぎゅう、管理会社からはクレーム。でも、物件は見つからない。特に、私たちが活動する大阪市北区は、梅田エリアを擁《よう》するオフィス街・商業エリアだ。そもそも条件に合うような物件は限られていた。ここは諦めて、隣の区にもエリアを広げて物件を探そうか、しかしおっちゃんたちの移動手段は徒歩なので、遠いところまで相談に来てもらうのは、相談へのハードルを上げてしまう。そんな板挟みに悩みながら、ひたすら物件を探しつづけた。

そんなとき、ある不動産会社が使われなくなった元バイク屋さんの物件はどうかと提案してくれた。バイク屋さんを営まれてきたが、寝たきりのご主人は改装費用が捻出できず、物件を貸しには出していなかったそうだ。それをその不動産会社が、将来的なことも考えて、貸しに出すよう勧めてくれたのだ。

駅からは少し遠く、シャワーや宿泊できる場所もなく、広さも65平米と希望よりは狭く、当初の理想通りとはいかなかった。それでも、当時の事務所の3倍は広い。何より、貸主《かしぬし》が私たちのことを受け入れてくれている。それだけでとても嬉しくて、引っ越しを決めた。

なお、このときの引っ越しもまたおっちゃんたちが手伝ってくれた。私の木のぬくもりが感じられる事務所にしたいという要望も、家具職人だったおっちゃんが木製の壁面棚をつくり上げることで叶えてくれた。

失敗しても居場所がある
――アンドハウス

私たちは、新たな事務所を「ホット&ハウス（通称アンドハウス）」と名づけ、運営を開始した。

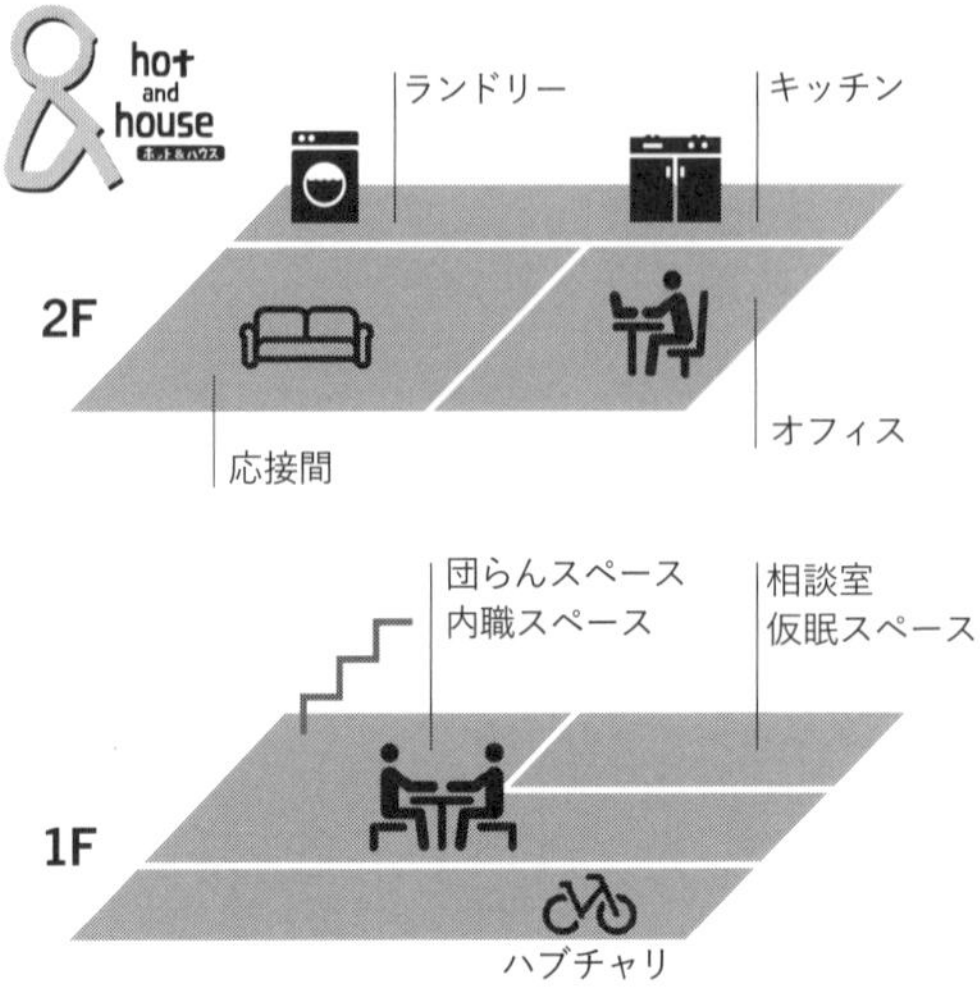

アンドハウスの間取り

アンドハウスとは、ここに来たら、ホッと安堵できるような居場所を目指したい、そして路上脱出に必要な機能を提供できる、つけ加えられる場所という意味での「&」と2つの意味をかけた。

　なぜなら、アンドハウスでは単なる居場所づくりにとどまらず、路上生活に必要な機能を詰め込みたかったからだ。こう言うと、「そんな場所があったら、路上生活が長引くのでは？」と言われるが、そうではない。第4章でも書いた通り、路上生活は意外とお金がかかり、貯金しにくい環境にある。毎回外食となってしまうし、身なりを清潔にしようと思ったらコインランドリーを使わなければいけないし、働きに行くには荷物を預けるコインロッカーを利用しなくてはならない。

　そこで、路上生活にかかるコストを極力下げてもらえるよう、ここに来てもらえればいつでも食事を提供できるようにし、ロッカーや仮眠スペースを備えた。開設日も月曜日から土曜日と長めに設定した。

2階建てで、事務所だけでなく、内職もできる30平米くらいの団らんスペース、ロッカーや洗濯乾燥機などの設備、相談室兼仮眠スペース、応接間、さらにはハブチャリのポートも用意した。


しかし、20平米の事務所でぎゅうぎゅうだったので、65平米になったらさぞ広く感じられるのだろうと思いきや、1週間も経たないうちに荷物とおっちゃんであふれかえった。

「あれ、これはまたすぐに引っ越しになりそう……」。そんな予感に襲われた。

おっちゃんたちに芽生える〝わしの家〟感覚

「なんか、わしの家みたいやわ」

ある日、アンドハウスで掃除をしてくれていた平井さんがそうつぶやいた。

平井さんは、かつてハブチャリで勤務してくれていた方で、現在は清掃の仕事に通っている。人懐っこく、寂しがり屋の面もあって、清掃の仕事をわざわざ事務所の近くで見つけてきて、仕事に行く前や行った後、用がなくても毎日のように事務所にやってきていた。

そんなふうに、卒業した後もホームドアに顔をしょっちゅう出してくれるおっちゃんは多い。私たちとしても、アフターフォローとしておっちゃんと細く長く付き合いつづけられる関係性は理想的だなと感じていた。しかし、おっちゃんたちは単に顔を出しに来ても暇なだけなので、「事務所にいる理由」をいつも探している。そんなおっちゃんたちの合言葉は、「なんか、手伝うことないか？」だ。もちろん、荷物と人であふれかえるアンドハウスでは、やってもらうことが山のようにある。清掃業務を仕事にしているということもあって、平井さんは、何も言わずとも毎日のように掃除してくれるようになった。

そんな平井さんには困ったところがひとつだけあった。度々、まだ飲んでいる途中のマグカップも洗ってしまうのだ。

「ちょっと、それ、まだ飲んでんねんけど」

「ええやんか。汚いんやから」

なんて失礼なと思いつつも、洗ってもらわない限り、下手したら3日くらい連続して使ってしまうタイプの私は助けられていた。

わしの家みたいやというのは、平井さん的には、「自分の家と同じぐらい掃除させられてるわ」という皮肉を込めた発言だったのだが、なんだか私には、自分の家のようにくつろいでくれている、大切にしてくれているという気持ちの象徴のような言葉に聞こえて非常に嬉しかった。

またあるときは、普段はとても温厚な篠塚さんが石ころをアンドハウスの屋根に向かって投げはじめた。2階で仕事をしていたら、いきなりコツコツと何かが当たる音がして、私は驚いて窓を開けると、篠塚さんがこっちに向かって石を投げてきたのだ。

「どうしたんやろう。何かホームドアに恨みでも!?」

と内心ビクビクしながら1階に下りると、篠塚さんが「巣をつくるな〜」と、鳥のほうに向かって投石していたのだ（もちろん、鳥に当てようとはしていない）。

屋根を見ると、つがいの鳥が施設の屋根に守護神のようにとまっている。

「最近、よう来るんですわ〜。ちょうど今って巣をつくり出す時期でしょ？　巣をつくられて、糞《ふん》でもハブチャリに落とされたらかなわん、かなわん」と篠塚さん。

他にも、こんなことがあった。アンドハウスの利用ルール自体もおっちゃん同士で決めてもらおうと「アンドハウスルール討論会」を催した。仰々しい名前に反して、和気あいあいとした雰囲気で20人くらいのおっちゃんたちが参加してくれた。
「ゴミは分別しよう」「音楽聴くときはイヤホン使用」など、自分たちの場を自分たちらしく使おうと活発な議論が交わされる様子が、とても嬉しかった。また、こうした話し合いをしたら収拾がつかなくなるかと思っていたが、一人ひとりの意見が非常に論理的で、誰かが話しすぎるということもなく、スムーズな討論会で驚いた。

いつの間にか、おっちゃんが私たちと同じ目線で、もしかしたらそれ以上に、施設のことやハブチャリの自転車を大切に思ってくれている様子に、胸が温かくなった。アンドハウスが、みんなの心の居場所となるような空間にしていきたいと思った。

通勤中に鳴り響いた携帯電話

アンドハウスをオープンして半年が過ぎた頃、毎日のようにやってくるちょっと困ったおっちゃん、佐藤さんがいた。当時72歳の佐藤さんは、軽度の認知症のようで、職員も多くいるアンドハウスの団らんスペースで急にパンツ一丁になって着替え出したり、仮眠スペースを占領したり、人のご飯まで食べてしまったり、そもそも話があまり通じず理解してもらえなかったりして、みんなを困らせていた。

「そこで着替えないでくださいね～」

「みんなで使ってくださいね～」

「ラーメンはひとり1日1個までですよ」

何度声をかけても、糠《ぬか》に釘といった感じで、別にええやんかといった様子。他のおっちゃんからも、佐藤さんをどうにかしてくれというクレームも入りはじめていた。

年齢や理解力のこともあるので、ハブチャリや自転車対策事業で働いてもらうのは難しい。本来なら生活保護を利用して家を借りてもらいたいところだが、佐藤さんには、すでに生活保護を利用した経歴があった。もちろん、生活保護は一度利用したらもう利用できないというものではない。何度でも必要に応じて利用することができる。しかし、本人はそれを望まなかった。

過去の経過を聞いてみると、複雑な事情を抱えていることがわかった。奥さんと新婚旅行で行った長崎にお墓を建てようと生前に約束していたらしく、生活保護利用中にローン契約をしてしまったのだ。生活保護利用中に借金をすること、ましてや、借金を生活保護費で支払うことはできない。そこで、生活保護の担当職員であるケースワーカーからは厳重注意を受けたが、どうしても奥さんとの約束を反故《ほご》にはできないと家を出てしまった。お墓を諦めて、生活保護の利用をもう一度するという選択肢は死んでも嫌だと佐藤さんはかたくなだった。会話での意思疎通が困難なこともあり、当時のケースワーカーとの話し合いがうまくいかなかったことが容易に想像された。

そこで、佐藤さんに年金を受給してもらえるよう、手続きをサポートすることにした。

そんなある日、通勤中の私の携帯に見知らぬ番号から電話がかかってきた。調べると警察署の番号だった。

「え？　私なんか、やらかした？」

一瞬、頭にいろんなことが浮かびながら、「いや、なんもやってないはず……」と急いで電車を降りて、勇気を出して電話をかけ直した。すると……。

「先ほど電話をおかけした警察署の山田です。佐藤ひろしさんという方、お知り合いでしょうか？　今朝方、逮捕したのですが、罪状も軽いので、身元引受になってくださる方がいるなら、釈放できるのですが……」

初めてのことに、動揺しかない私。恐る恐る聞く。

「ちなみに、佐藤さん、何をしたんでしょうか？」

「今朝ね、駅のコンビニで、378円のお弁当を盗んだんですよ」

頭を棒で殴られたような気がした。

昨日私が、カップ麺はひとり1個なんて言わなければ……。

もっと、十分な食料を渡せていたら……。

そもそも、安心して泊まってもらえる場所を、用意できていれば……。

後悔が際限なくあふれてきた。

「すぐに行きます」

そう電話を切って、警察に向かった。

身元引受で新たに生まれた強い想い

「わしは、ホームレスや。こうするしかなかったんや！」

4階の取調室に向かうと、怒号が響きわたっていた。

「いや、でもあんたね、これは悪いことなんやで。わかってるか？」

そう言う警察に対して、72歳の佐藤さんは悪態をつく。

「もうええねん。なんとでもしろ。刑務所に入ったほうがましや。はよ入れろや」

アンドハウスでの姿とは別人のように口調も厳しく、警察に悪態をつく佐藤さん。椅子に踏ん反り返って天井を見つめていた。

「その態度、やめなさい。反省しなさい」

そう言う警察官との口論が続く。

怒鳴り散らしていた佐藤さんが、ようやく私に気づいた。

すると同時に、

「川口さん、ごめんな。ごめんな」

と泣き崩れた。

さっきまでの姿とは打って変わって、しゅんとなる佐藤さん。

そんな佐藤さんを見て、私はやるせない気持ちでいっぱいだった。

たった、378円。されど、378円。

歩くスピードも動作もゆっくりの佐藤さんが万引きをしても、絶対捕まるってわかっていたはずやのに……。あと1か月待ってくれたら年金も入ったのに……。そう思いつつ、高齢の人が路上で過ごす1か月はそりゃしんどいよなと自分の非力さを憎んだ。

周りからしたら、生活保護を利用できなくなったのが悪い、そもそも、生活保護を利用せざるを得ない状況になったのが悪い、お墓を諦めないなんてわがままだ。そんなふうに言われてしまうのかもしれない。正直、私はお墓に興味がないので、そこまでこだわる理由はわからない。

でも、佐藤さんにとっては、お墓を守りたいというのは、路上生活を選択するほどのことだった。そうせざるを得ない理由があるのであれば、仕方ない。おっちゃんたちは不器用だ。私だったらこうするのに……と思うことも、たくさんある。それでも、支援を続けられるのは、路上でなくなる命をひとつでも減らしたいという思いからだ。

どうしてそうなってしまったか、その経緯をとやかく言っても後の祭りだ。現に、佐藤さんは、今の状況をなんとかしたいと、ホームドアの扉をたたいてくれた。それであれば、精一杯、路上脱出に向けて、サポートをしていきたい。そんな思いから、佐藤さんの身元引受をした。

COLUMN 07

＊1　ホームドアを支える「恩返しの連鎖」

ホームドアでは大阪市北区を中心に、2013年より夜回り活動「ホムパト」を開始している。職員やボランティア、元当事者ら合わせて20名が4コースに分かれて85食のお弁当を届けて回る。最初はお弁当ではなくおにぎりを渡すだけの簡素な夜回り活動からスタートしたが、数年前に夜回りで出会い、ホームドアでの就労を経て家を借りた板前経験のある元当事者の方が、「やっぱり、ちゃんとしたお弁当を渡してあげたい」とお弁当用に数種類のおかずをつくってくれるように。「お世話になったから、自分にできることは恩返ししたい」。そんな連鎖が、ホームドアを支えてくれている。

＊2　当事者に変化を促す方法

ホームドアでは、当事者に変化の強要はしない。「あんな方法、こんな方法で路上から脱出できますよ」と、選択肢を提示して、本人に選んでもらうことを大切にしている。もちろん、面談等で本人の状況整理の手伝いはするが、最後の「選択」は自分でしてもらう。ホームレスの人をゼロにしたいわけではなく、ホームレス状態から脱出できる選択肢、出口をつくりたいという思いがあるからだ。

＊3　NPOのお給料事情

NPO法人のイメージといえば「ボランティア」「非営利」という感じで、「NPOで働いている」と言うと、「バイトもしているんでしょ?」「本業は何してるの？」と言われることも多い。確かに、NPO法人の中にはボランティアベースで運営しているところもあるが、NPO法人は株式会社とそこまで変わらない。同じ労働法のもと、雇用契約をしっかり結び、社会保険も加入しなくてはならない。

「ソーシャルセクター組織実態調査2017」（新公益連盟）の調査によると、NPO法人等のソーシャルセクターで働く一般職員の平均年収は339万円であるのに対して、一般中小企業では292万円で、むしろ給与面ではソーシャルセクターが上回っている。ホームドアでも、社員は5名、就労支援を受ける当事者を含めたアルバイトが15名と結構な大所帯になっている(2020年7月現在)。

第8章

夢の施設「アンドセンター」
——安心して失敗できる社会をつくる

いよいよ「住まい」の提供へ

佐藤さんはあの事件から2か月後、無事に市営住宅に移ることができた。認知症のことが心配だったこと、ホームドアの事務所から少し遠い市営住宅だったこともあり、地域の見守りネットワークに協力を依頼して、毎週の金銭管理をお願いすることとなった。他のおっちゃんたちは、「やっとあのトラブルメーカーがいなくなってせいせいしたわ」とは言いつつも、少し寂しそうだった。

佐藤さんのケースを通して、改めて痛感したのは住宅提供の必要性だ。もし、相談後に次の住居が見つかるまでの間、ゆっくり休んでもらえる場所さえあれば、佐藤さんが窃盗を行うこともなかったのは間違いない。また佐藤さん以外にも、相談に来てすぐに今後どうしたいかを決められる人、決まる人というのはほとんどおらず、相談で選択肢をいくつか提示しても、どうしたいのかを考えてもらうためには、いったん路上に帰ってもらうこととなってしまう。それで翌日にまたやってきてくれたらいいのだが、そのままいなくなってしまう人も多いし、体調がよくない人に路上に戻ってもらうのは特に心苦しい。また、路上生活という極限状態のなか、次にどうしたいかを決めること自体、容易ではない。

たとえば、最近増えている20代～40代の相談者の場合は、ホームドアで少し働いてお金を得て、携帯電話を入手して面接に行けば、比較的すぐに仕事を見つけることができる。しかし、焦って見つけたその仕事は、結局雇用期間が短いものや労働環境が劣悪なものであることも多く、しばらく経つと契約期間が終わってしまったり環境に適応できなかったりして仕事を辞めてしまい、再びホームレス状態になってしまう。つまり、貧困を再生産していることになるのだ。

若ければ若いほど、「早くこの状態をなんとかしたい」「なんでもいいから仕事をしたい」と焦ってしまう気持ちもわかる。

しかし、ホームレス状態になってしまったときだからこそ立ち止まり、ゆっくり自分のことを見つめながら、本当に自分がやりたいことを考える。そんな時間が必要なのではないだろうか。そう痛感していた。


そうは言っても、今の日本で個室でゆったり過ごしながら、次に向けて心身をリフレッシュして充電できるような施設はない。特に大阪市では、８人ひと部屋での長期間の集団生活か、翌朝には出なくてはいけない、２段ベッドが隙間なく配置された２６０人ひと部屋のシェルターくらいしかない。

やっぱり安心できる住居を提供したい。相談者が増えていくに従って、その思いが日増しに募っていった。

——いよいよ、やらなければ。

高校3年生の頃に「夢の施設の間取り図」を描いてから、10年近くが経っていた。ついに、10年計画の後半、「住まい」の提供へと踏み出すときがきている。そう腹をくった。

初めてのクラウドファンディング——実証実験①長期宿泊施設

まず、20部屋ほどの個室型宿泊施設の提供を目指し、準備を始めることにした。

本当に宿泊施設のニーズがあるのか、実証する必要性がある。そこで、2段階に分けて、検証することとした。

ひと口に宿泊といえど、2パターンに分けられる。ハブチャリや他の仕事で働きながら貯金し、次の仕事や住居をゆっくりと探していくために、1か月～6か月間という長期間滞在するタイプ。そして、相談に来たその日から次にどうしたいかが定まるまでを過ごしてもらう1日～2週間という短期間滞在するタイプだ。

最初に、長期宿泊施設の提供を始めるために物件を探しはじめた。

長期型は、家を借りるための段階的な住居、ステップハウスとして必要だ。これまで、ハブチャリ等で働き、お金を得られるようになった人は、そのお金で大阪市西成区にあるドヤと呼ばれる1泊1200円くらいの簡易宿泊所や、1泊2000円ほどのネットカフェに滞在していた。厳密にはその時点でホームレスではなくなるのだが、中には、その宿泊費さえ惜しんで路上で寝つづけながら働きに来る人もいた。ただやはり、体力面でしんどそうだった。そこで、その人の収入に合わせて月1万円～3万円ほどの家賃を設定し、長期で滞在できる住居を提供できないかと考えたのだ。

しかし、ホームレス支援団体に貸してくれるような大家さんはなかなか現れない。ホームレスの人が来るとなると貸したがらないし、貧困ビジネスではないかとやっぱり疑われてしまう。仕方なく、私個人の名義で、家賃10万円の3LDKのマンションを借りた。表

札は「川口」となった。半年間を実験期間として、初めてのクラウドファンディングを開始した。目標金額は100万円。初期費用や家財道具の購入に充てることとした。

また、このクラウドファンディングには国内大手アウトドアブランドの株式会社モンベルに協力を仰ぎ、コラボグッズとしてTシャツとマグを製作することができた。

Tシャツは「家があるからこそ、アウトドアは楽しめる！」をコンセプトに、デザインを考えた。アウトドアが好きな人はテントを張って野宿をするが、ほとんどの人は普段から外で寝ているわけではない。帰る家があるからこそ、自然を感じながら外で生活をすることに「非日常」を感じられる。しかし日本には、帰る家がなく、毎日がアウトドア状態な人もいる。そんな人のために、アウトドアグッズを手に入れて、ホームレスの人を応援しよう、そんなコンセプトで「HIKE FOR HOME」というデザインにした。
コラボグッズの効果もあり、１０４名から１３８万円のご支援をいただくことができた。
ついに長期宿泊施設をスタートさせることができたのだ。

この住居に3人のおっちゃんが住みはじめたのだが、その中には料理人だったおっちゃんもいて、食卓はいつも豪華だった。私も一度、ご飯を食べに行かせてもらったが、すき焼きをご馳走してくれて、とってもおいしかった。川口という表札の家のインターホンを押したらおっちゃんが出てきたのは、なんだかおもしろかった。

60代の入居者は、この住居への入居をきっかけに家で生活をするというイメージができたようで、居宅生活へと移行できた。

50代の入居者は、ステップハウスがテレビに取り上げられたときに取材されたことをきっかけに、それを見た清掃会社の方が連絡をくれ、仕事を無事に見つけることができた。今でも「仕事を始めてから今日で2年経ちました」と連絡をくれるのがとても嬉しい。

半年間という短い期間ではあったが、住居提供が就労支援の促進につながるという確証は得られた。

冬の路上生活の厳しさは想像以上

――実証実験②短期宿泊のシェルター

ステップハウスの提供ができ、おっちゃんたちから生の声を集めることができた。このときは、シェアハウス形式での住居の提供だったが、それには、住人同士の相性の問題も大きく絡んでくる。今回はたまたま温厚な3人が集い、それぞれに料理や掃除など得意分野があり、協調性も高かったためうまくいった。成功したのは、そんな属人的要素もかなり大きかったと思う。

今度は個室タイプで、かつ長期ではなく一時的な住まいを提供する「シェルター」の実験的運営を開始することにした。相談に来たその日から無料で宿泊する形態をとるため、家賃のための寄付を集めて実施することになった。

2017年冬、目標金額74万円の冬募金を始めた。それにあたって、路上生活の冬の厳しさをなんとか多くの人に伝えられないかと考え、おっちゃんたちと座談会を行うことにした。

しかし、インタビューをはじめてすぐに、後悔の念に襲われた。辛いに決まっているのに、「冬の寒さ、どのようにしのいでいますか？」なんて聞かなければいけないからだ。いつもは事務所でただ楽しく談笑し合うおっちゃんたちの、辛い姿、しんどい様子。想像すると胸が痛くなった。

ちょっとずつ、おっちゃんが心を開いていろいろと話しはじめてくれた。その中で、「寒すぎて、もう生きててもしゃあないと思った」なんて話も出た。そう話すおっちゃんの横顔は、いつもと違い、憂《うれ》いを帯びていた。

「もうええかなって。もう自分、この世からいなくなってもええかなって」

それでも、このおっちゃんががんばれたのは、隣に寝ていたおっちゃんが段ボールの場所や炊き出しの情報を教えてくれたからだそうだ。これが本当の助け合いなんだなと感じる一方、まだまだ私たちはおっちゃんたちの一番しんどいところまではアプローチできていないなとも感じた。

また、冬の間はひと晩中歩いて過ごすという人や、24時間営業のアミューズメント施設のソファで過ごすという人もいた。商業施設で暖を取ってうとうとと寝てしまうと、警備員から出ていってくれと言われてしまう。しかし、ずっと寝不足が続いているなかで、寒いところから暖かいところに入ると急激に眠気に襲われるそうだ。つまり、暖かいところでは、眠気との闘いになる。

ますます宿泊施設の必要性を実感し、必死で寄付を募った。

結果、目標金額を上回る115万円が集まり、シェルターの運営を無事に開始することができた。

〝つなぎ〟の住まいが、再挑戦の基盤となる

2017年12月下旬から2018年3月末まで、実験的にシェルター運営をすることになり、アンドハウス近辺にワンルームマンションを借りた。ただ、今回も表札は「川口」だった。

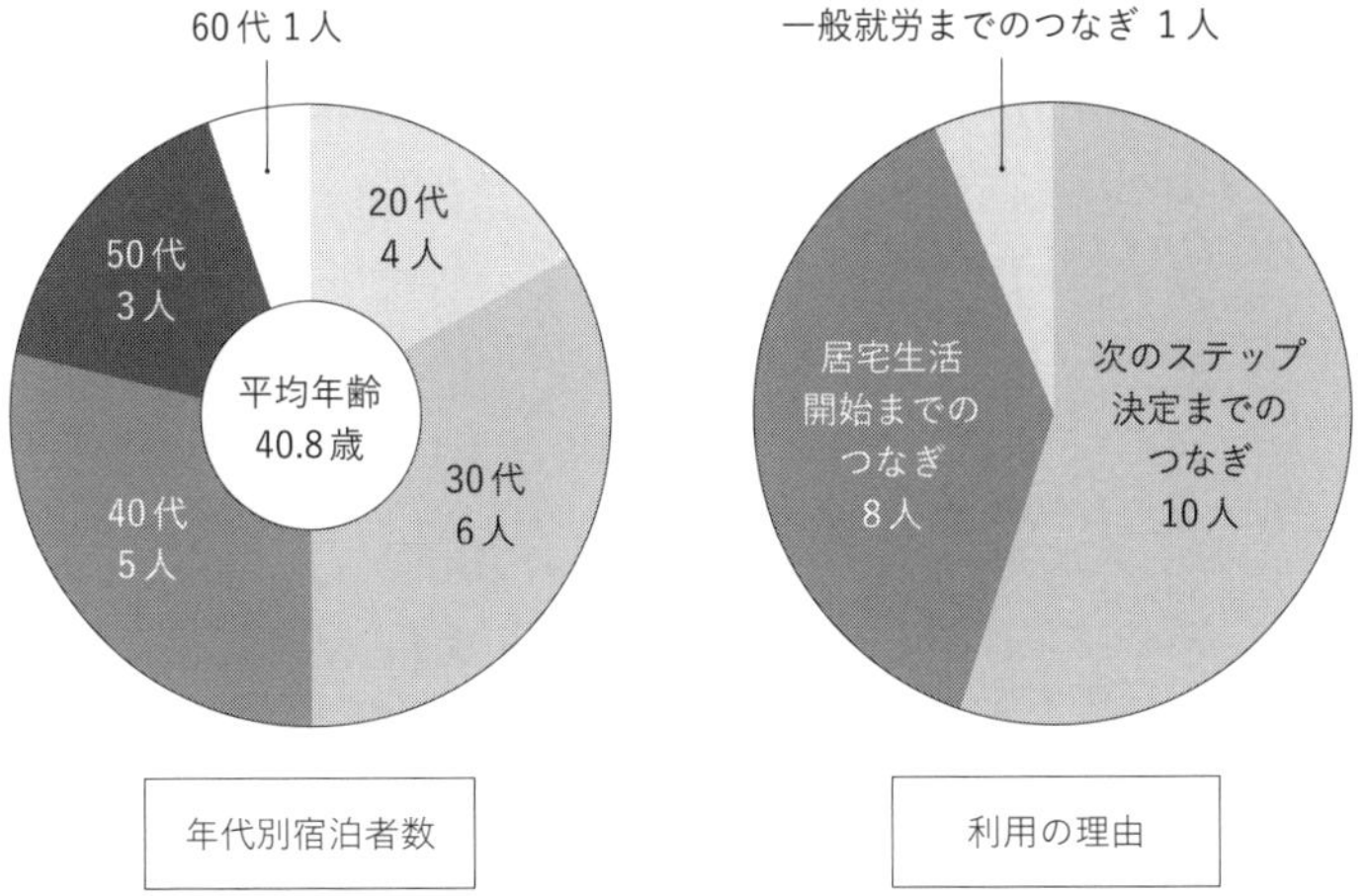

シェルター入居者の実態（n = 19）

結果として、3か月で19人、計50泊の利用があった。宿泊者の多くは、もともと大阪府外で住み込みの仕事に就いていたが、体調不良などの理由で仕事と住まいを同時に失っている人だった【＊1】。仕事を探すために大阪へ来たものの、住所がないためなかなか見つからず、ネットカフェなどで寝泊まりをしているうちに所持金が尽きて相談に至ったというケースが目立った。

利用の理由は、アパート入居や行政制度の利用、新しい仕事の開始までのつなぎのためという人が9人。残りの10人は、相談時に次のステップが決まらず、ゆっくり考えてもらえるよう、シェルターで過ごすこととなった人たちだ。

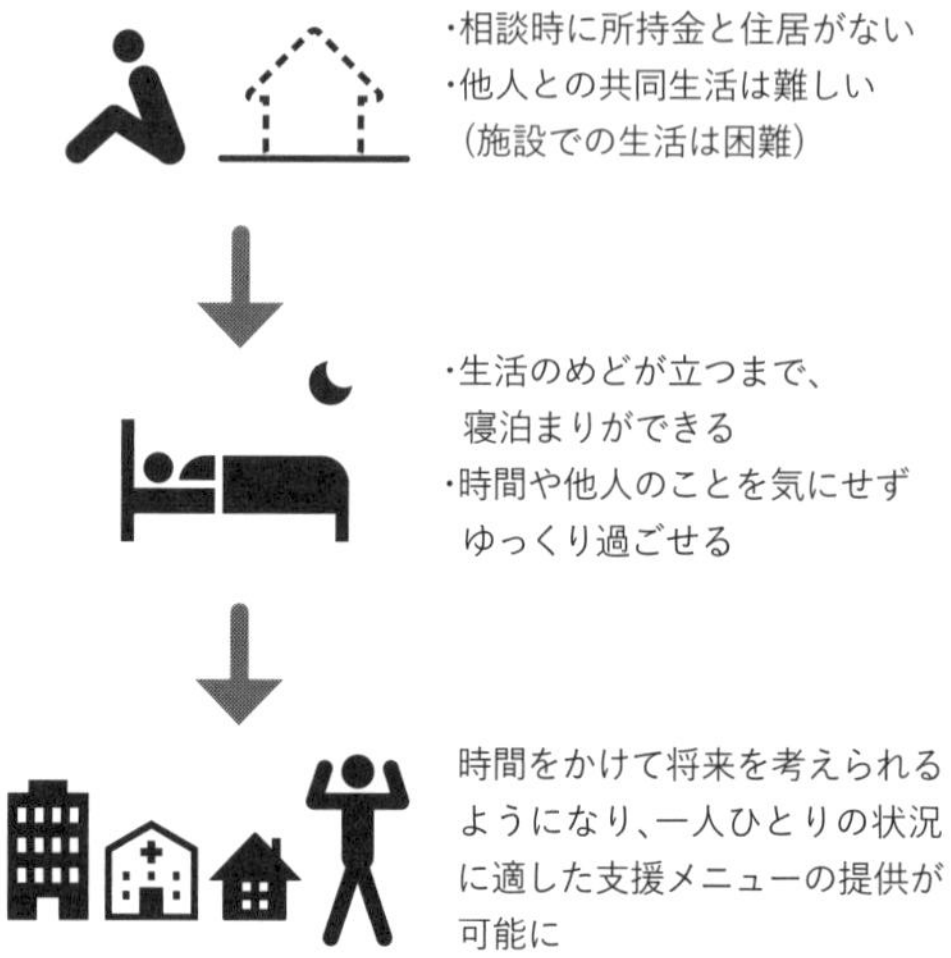

・相談時に所持金と住居がない
・他人との共同生活は難しい
（施設での生活は困難）
・生活のめどが立つまで、
寝泊まりができる
・時間や他人のことを気にせず
ゆっくり過ごせる
時間をかけて将来を考えられる
ようになり、一人ひとりの状況
に適した支援メニューの提供が
可能に

「久しぶりにゆっくり安心して寝ることができた」という声を多く聞くことができ、今後についてじっくり考えられる場を提供できたことを改めて実感した。

利用者の声を、一部紹介しよう。

《宿泊者の声》40代杉原さん

住むところがなくネットカフェなどで過ごしていました。ネットカフェに行ったとき、パソコンの画面にホームドアのバナー広告が貼ってあるのを見て、相談しようと思いました。

当時は、どんな制度や選択肢があるかも知らなかったし、何をしたらいいのかまったくわかりませんでした。ホームドアで相談して、行政の施設や生活保護の利用、ホームドアでの就労などの選択肢があることを教えてもらいました。

その日は金曜日の夕方で、行政窓口はもう閉まっていて、週明けまで泊まる場所がなかったのでホームドアのシェルターに泊めてもらいました。久しぶりに温かい布団で寝られてお風呂にも入れて、プライバシーも保って過ごせる場所があることに安心しました。ここに無料で泊めてもらえたことに驚きました。

今は大阪で、アパートを借りて生活保護を利用しながら就職活動をしています。一つひとつ自分の生活を整えている最中です。相談したおかげで、どんな選択肢があるのかを知ることができ、じっくり考えて自分で選択することができました。

手助けがなければ、犯罪に手を染めていたかもしれないし、生きていなかったかもしれません。ホームレス生活は孤独なので、安心できてゆっくり自分のことを考えられる場所が必要だと思います。

真のセーフティネットへ——１棟のビルとともに決めた覚悟

ステップハウス、シェルターの運営を経て、宿泊施設の必要性をますます実感した。特に、困窮状態に陥り、家がなくなると、多くの人が有り金をはたいて、深夜営業店舗で夜を明かしている状況がある。私たちは、やっぱりその部分にメスを入れていきたいと感じた。お金がなくなった、家を追い出されたとなったとき、「とりあえず、あそこに行けばなんとかなる」と思ってもらえる、そんな場所を目指さなくてはいけない。

また、シェルター運営時に、満床で宿泊を断らなくてはいけないというケースも多々発生した。ある程度の部屋の数、20部屋くらいを用意でき、なおかつ個室でゆったりと過ごしてもらえる環境であるという点にもこだわりたかった。しかし、私たちが活動する大阪市北区は、大阪の中心地であるため、なかなか物件はない。また、マンションの一部だけを借りようとすると、貸し渋りに必ずあうため、1棟まるまる借り上げたいと感じていた。もちろん、そんな都合のいい物件なんて、そうそう見つからない。ステップハウスやシェルターを実験的に運営している間にも一応、物件探しは進めていたが、なかなかこれといった物件には出合えなかった。

そんな折、アンドハウスを借りたときにお世話になった不動産屋から1件の電話がかかってきた。2年前に一度見送った物件が再び空いたという電話だった。そこは、5階建てのビルで1階が事務所となっており、その上に18部屋、しかも各部屋ユニットバス付きという、私たちが探し求めていた理想的な物件だ。しかも、アンドハウスのある通りを西に徒歩10分だけ移動するというわかりやすい場所。しかし当然家賃はこれまでより跳ね上がり、管理費等含めると毎月１００万円近い。日本で有数の長さを誇る天神橋筋商店街の最寄り駅である天神橋筋六丁目という駅から徒歩3分という好立地で４００平米あるので、相場的には安いくらいなのだが、2年前の時点では金銭的にも厳しいし、まだ本当に宿泊施設の必要性があるかは実証されておらず、見送っていた場所だったのだ。

2年経った今、宿泊施設運営の必要性はより一層強まり、2回の大掛かりな実験を経て、必ず実現すべきだと実感していた。しかし金銭的には毎月の固定費がぐっと増えることは不安しかない。また、その施設で家賃をいただきながら生活保護を利用してずっと入居してもらうというよりは、一時的に滞在する場所を目指したかった。つまり、入居者からの家賃収入で月１００万円を払えるわけではない。またその時点では助成金や補助金ももらえるめどは立っていなかったが、そんなチャンスを待っていては2年前のように他の人に物件を借りられる可能性は極めて高い。

考える時間はなかった。

とりあえず、赤字覚悟で借りることにした。

ひとつだけ方法として思いついたのが、毎月１０００円を継続的に寄付してくれるサポーターを1000人集めるというキャンペーンだ。その時点でサポーターは350人ほど。2013年から講演会等で相談業務や夜回り活動の運営のためにサポーターを4年近く募ってきて、やっと350人。どうしても、自己責任論が根強く、偏見を持たれやすい分野であるホームレス問題において、寄付金を、ましてや、毎月寄付してくれる〝奇特な〟方を集めるのは至難の技だった。

それを果たして、1000人に増やすことができるのか。未知数だった。しかし、これほど条件に適した物件はないし、この機を逃して他の物件を探す、施設を建設するなんてことになれば、余計に費用がかかることは明白だった。

いつの間にか、腹をくくっていた。

この物件しかない。

やるしかない。

10年前に思い描いた「夢の施設」を

事務所を引っ越すことにして、施設運営を開始することを職員たちに伝えると、もちろん驚いていたが、「もうそうするしかない段階に来ているよね」と一緒に前を向いてくれた。

敷金礼金として、５００万円近いお金を不動産屋に振り込むとき、不思議な気持ちがした。５００万円もあれば、遊びまくろうとでも思う27歳は多いだろうに、ビルを１棟借りるなんて。変わった人間もおるもんやな……と、そのとき初めて自分のことを珍しい人間だったと認識できた気がした。でも、迷いはなかった。

何より、これは夢が叶った瞬間でもあった。

17歳のときに描いた１枚の施設の間取り図（87ページ）。

10年経ってようやく、あの頃の思いを実現できたのだ。

施設の名前は、職員たちとブレストして「アンドセンター」に決まった。アンドハウスと大きく変わらない名前ではあったが、この「アンド」という言葉に、これまでのすべての思いが込められている気がしたのだ。

ビル自体は、大きな手入れはせずに済んだが、少し間取りを変えたり、１階をおっちゃんたちの団らんスペースにするために内装を変えたり、古かった冷暖房機を取り替えたりするのに、1000万円ほどかかった。

予想以上の出費ではあったが、これまで施設を運営したいとビジコンの賞金からコツコツ、いただいた寄付を大事にコツコツ。そうして大事にお金を貯めていたので、なんとか支払うことができた。

アンドセンター始動
——ここから新しい関係性をつくる

2018年4月、ホームドア設立から8年。念願叶って、アンドセンターの運営を開始した。アンドハウスからアンドセンターへの引っ越しは、もちろん今回もおっちゃんたちが主力となって手伝ってくれた。徒歩10分の距離なので、何度もおっちゃんやボランティアたちが徒歩で移動してくれたり、知り合いが軽トラを出してくれてピストン輸送してくれたりと、荷物の移動はあっという間に終わった。65平米のアンドハウスから400平米のアンドセンターに来たらどれほど広くなるかと期待したが、アンドハウスに3年間蓄積しつづけた大量の物品の数々で、アンドセンターもあっという間に手狭になってしまった。

1階は奥がホームドアの事務所スペース、手前を団らんスペースにした。開所中はいつ来てもらっても、何か食べてもらえるよう、寄付でいただいたカップ麺やパンなどが置いてあるスペース、衣服や日用品が置いてあるスペースもつくった。他にも、パソコンを自由に触れるスペースや本の貸出コーナー、ボードゲームで遊べる場所もある。2階から上には、個室18部屋（全室ユニットバス付き）に加え、共用キッチンや応接間、相談室、ランドリースペースをつくった。

さらに、相談に行く勇気はまだないけど身体をきれいにしたい、ゆっくり休みたいという人向けに、シャワー室と個室も用意。ホームレス状態の人の中には、もう路上のままでいいと諦めてしまっている人もいれば、この団体は安心して相談できるのかと不安に思っている人もいる。そんな人向けに、相談に来ずとも、休める場所、身体を洗える場所を提供することでホームドアに来やすい環境をつくり、もし何か困ったことがあったらここに相談しようと思えるゆるやかな関係をつくるのが狙いだ。

アンドセンターの外観

実際に、最初はシャワーを浴びに

来るだけだった人が、あるとき身体の不調を教えてくれたことがあった。このケースでは、無料で医療が受けられる制度につなぎ、相談員と病院に行ったことをきっかけに、居宅生活につながった。

短期宿泊スタート――相談に来たその日に泊まれることのインパクト

アンドセンター開設後、相談者数は倍増。2019年度は新規で年間746名の方から相談があった。「よく眠れた」「ゆっくり過ごせた」、その言葉を聞けただけでも、ビルを1棟借り上げた意味があると実感した。

アンドセンターでは、2タイプの宿泊形態を用意している。ひとつが、相談に来たその日から泊まれる緊急宿泊。そしてもうひとつが、ハブチャリやその他のところで働きながら、初期費用を貯めて家を借りられるようになるまで滞在できる長期宿泊タイプだ。緊急宿泊は最大2週間とし、行政制度や次の仕事につながるまでの間、無料で滞在できる。長期宿泊では最大6か月間、ステップハウスという形で、その人の収入に応じて相場より安い家賃で滞在できるようにした。

団らんスペースに集うおっちゃんたちからも、

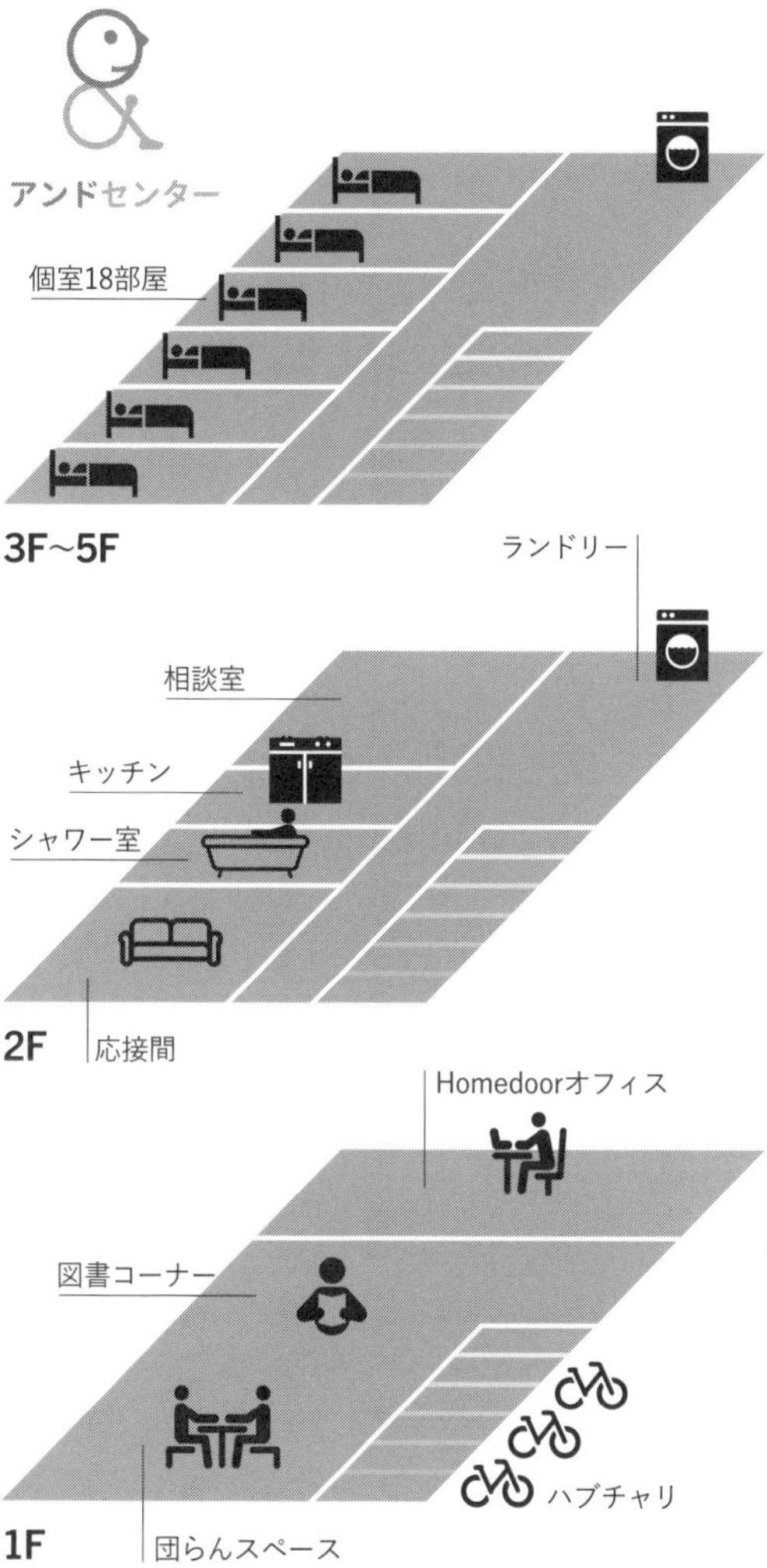

アンドセンターの間取り

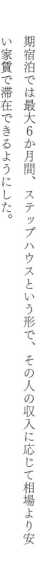

「この上、住めるんか？　わしも住もうかなぁ」

と、うらやむ声が上がる。すると、

「いやいや、もう家借りたじゃないですか」

すかさずそんなツッコミが入る。

寂しがり屋のおっちゃんが多くて困ったものだ。でも、「困ったときには来てくださいね」とお話しすると、なんだかホッとした表情を浮かべてくれる。


ビル1棟を丸々借りると、さまざまなハプニングはつきもの。

水が出ない、クーラーがつかない、換気扇がうるさい、黒く光る虫。

うろたえる職員に代わって、おっちゃんたちが補修をしてくれ、とっても心強い。


情報が広まるのは不思議と早いもので、携帯電話を持っていないはずのたくさんのおっちゃんたちが、引っ越したところはどんなところだと遊びに来てくれた。ホームドアを卒業してご無沙汰していたおっちゃんたちからたくさんの引っ越し祝いをいただいた。お菓子だらけの1か月、またもや私はリバウンド。

他にも、多くの議員や他機関、他団体からの視察依頼も相次ぎ、このアンドセンターでの現場の試行錯誤をいずれ政策提言にもつなげていけるようにしなければと身が引き締まる思いだ。

アンドセンターの団らんスペースで談笑する
おっちゃんたちとホームドア職員

アンドセンター開所以降、緊急宿泊用個室には入れ代わり立ち代わり、さまざまな相談者が入居していった。路上生活が長いおっちゃんから、入居時に「寝袋は今使っているのがあるよ」と言われ、「いやいや、ベッドも布団もあるから。寝袋はいりません」と伝えることもあった。

また最近は、これまで少なかった女性や性的マイノリティからの相談や、複数人（親子、きょうだい、夫婦）で相談に来るケースも増えている。個室の提供を開始したことで、相談者の幅もぐっと広がってきたのを実感している。

長期宿泊スタート──安心して「次」への準備をする場として

2018年9月、少しずつ部屋の家具などの寄付も集まり出し、長期宿泊希望者を、まずはホームドアで働いているおっちゃんたちを対象にして募集した。十分な部屋の数があることで、誰かにだけ入居の案内をするのではなく、20名近くいる雇用者全員に公平に声をかけることができた。

すると、待ち構えていたかのように真っ先に応募してきたのが水野さん。2017年からホームドアの自転車対策の仕事で働きはじめ、翌年の2月からは大寒波の影響もあって西成区の冷暖房なしのドヤ（簡易宿所）に1泊800円で泊まっていた。「寒い時期は、ドヤでも布団かぶったらなんとかなるけど、この暑さはかなわん」と言い、アンドセンターの長期宿泊者向けの入居開始を待ち構えていたそうだ。

大阪の宿泊施設は、西成区のドヤが最安値ではあるが、ホームドアの事務所に通勤するのに電車賃がかかってしまう。それを節約しようと、片道2時間弱かけて歩いてくるおっちゃんもいる。事務所の近所のネットカフェだと、ひと晩過ごすと2000円かかってしまう。さらに荷物をずっと置いておくことはできないため、仕事中はコインロッカーなどを利用するしかない。また、ネットカフェでは隣の音も結構うるさく、まっすぐに足を伸ばして寝ることはできない。そんな状況なら、ホームドアで働いていても、路上で寝泊まりして宿賃すらも節約しようという人もいる。

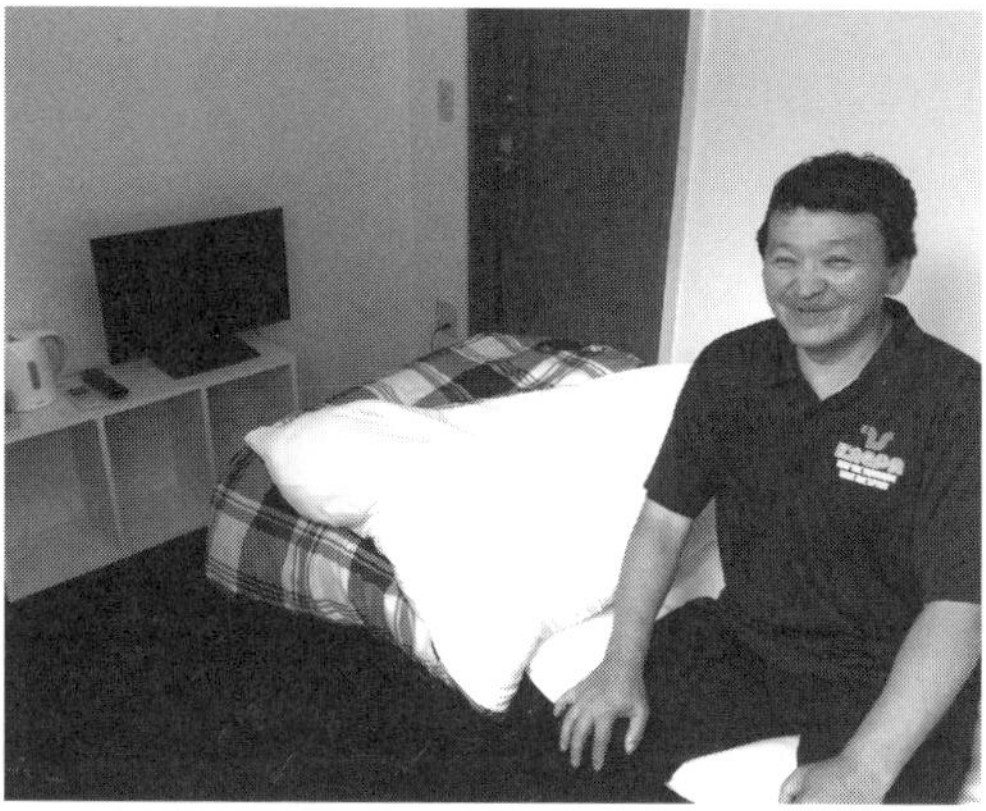
シェルターでひと晩を過ごしたおっちゃん

そうなると、アンドセンターでの宿泊は、実はかなり安くつくのだ。

おっちゃんに、入居した感想を聞いてみた。

「誰よりも先に入ろうと思っててん。それにしてもクーラーってめっちゃ涼しいな！」

と返ってきた。

第1期で長期入居したのは4名。水野さんは、最年長で70代ということもあり、ムードメーカー的な存在となって他入居者のこともすごく気にかけてくれ、初めてのアンドセンター運営を陰ながら助けてくれた。水野さんの部屋が少しずつ100円ショップで買ってきたであろう生活雑貨であふれていく様子がなんだか嬉しかった。事務所の上におっちゃんが住んでいるって、なんだか不思議だなという思いもありつつ、あっという間に半年が過ぎていった。

水野さんはもともと、住宅リフォームの営業をされており、店長クラスにまでなっていたそうだが、職場でのトラブルが原因で仕事を辞め、60歳を過ぎて大阪に仕事を求めてやってきた。60歳を過ぎるとなかなか仕事は見つからず、手持ち金がなくなってからは、生活保護と年金での生活に。ただ、3年前に住民トラブルで家を出てから、梅田で野宿を始めたという。2017年の冬に夜回りで声をかけると、すぐに働きにやってきた。

その冬は特に寒さが厳しく、寝て暖を取ろうにもビルの警備の人が来るから、横になれる時間は23時〜4時半くらいまで。段ボールを下に敷いて寝袋でなんとか寝ようとしたけど、寒くて寒くて全然眠れず、「このままやと凍死する」と思っていたときに出合ったのがホームドアだったそうだ。

「夜回りに出会うのは初めてで、弁当を手渡されたときはびっくりしたけど、嬉しかった。

そのときは明日の朝ご飯が手に入ったなと思っただけやった。でも、一緒に入ってたチラシを見て、事務所に行ってみようと思った。あのときはすぐに仕事させてもらえるなんて思ってなかったわ」

時給936円（当時）の自転車対策の仕事の給料と年金を少しずつ貯金した水野さんは、アンドセンターへの半年間の入居を経て、無事に家を借りることができた。

「路上にいたときとは比べ物にならんくらいよかったわ。個室で安心して眠れて、家を借りる準備もできた。家を構えられるようになったんはホンマにありがたい。半年間、本当に本当に、お世話になりました。家に入ったら、絵描きたい。昔から絵を描くことが好きやってん。趣味を楽しめる時間と場所ができるんは嬉しいわ。これからもホームドアの事務所には顔を出そうと思っとるけどな。最低でも週1で（笑）」

そう言って、アンドセンターの近くに借りた家に、旅立っていった。おっちゃんを見送るのは、なんだか寂しかったが、誇らしそうな後ろ姿を見ていると、嬉しくなった。

失敗しても安心して立ち直れる社会をつくるために

「とりあえず、あそこに行けばなんとかなる」
そう思ってもらえる場所が、ひとつでもあれば、きっと安心してもらえる。
10年前、そう思い描いていたことが少しずつ形になってきた。

民間でつくるセーフティネット、そんなことを意識しながら、組み立ててきた。理想とするハード面は大方用意できてきた。あとはソフト面だ。相談に来たら、確実に次のステップにつなげられる。その精度を高めていかなくてはいけない。

そう考えると、まだまだやりたいことは残っている。

そもそもホームドアの認知度をもっと高めて多くの人にセーフティネットであるという認識を持ってもらいたいし、医療機関をはじめ、より多くの連携先も模索していきたい。
また、職種の幅も広げていきたいし、雇用先の開拓にも力を入れたい。ホームドアを旅立ったあとのサポート、アフターフォローの体制ももっとできることがあるだろうし、たまり場のような気軽に帰ってこられる場所もつくりたい。

そんな手厚いサポートをするためには、もっとスタッフも増やさなくてはいけない。となると、より多くの人に活動を支えるサポーターになってもらいたい。

失敗しても、安心して立ち直れる社会の実現には、課題もやりたいことも、まだまだ山積みだ。

しかしいずれは、実績を積み重ねていくことで、

「こんなサポート体制が一番うまくいく」

と言える「完成形」を、行政に制度として取り入れてもらえるくらいになりたい。

日本全国、すべての場所で生活に困っている人に、ホームドアのモデルが役に立つ日が来ると信じて歩んでいこうと思う。

これからも、おっちゃんたちとともに。

COLUMN 08

＊1　選べない社会

人間関係に悩み、職場を去る人、家を出る人はとても多い。エン転職が行った2018年の調査では、退職理由の実に28%が人間関係によるものだ。この数字に表れていないだけで、実際はもっと多いかもしれない。人間関係で辞めるなんてその人にも責任がある、と言われるかもしれないが、数値としてこれほどの割合で辞める人がいるのであれば、自己責任だけで片づけるのは無理がある。確かに、学歴があれば新卒採用のときに会社は選び放題かもしれない。とはいえ配属先や上司は選べないことが多いため、「運」で決まる部分も大いにある。

しかし、家族も仕事も簡単には「変更」できない。仕事の場合、辞めてすぐに次の仕事が見つかればいいが、人間関係で悩んだあとに仕事を探そうにも、精神的にきつい状態にある人や、うつ病を患っている人にとっては難しい。また、転職した人に対して、社会は非常に冷たい。転職活動時には前社の退職理由は必ず聞かれるし、うつ病だと言うと簡単には採用してもらえない。結局、非正規雇用しか見つからなかったり、しばらくの間、貯金や親族などに頼ったりするしかないが、それすらもできない人は貧困に陥ってしまうのだ。一度失敗すると、やり直しがきかない。ホームドアにやってくる相談者の話を聞くと、そんな社会の冷たさを感じる。

おわりに「夢」のその先へ

「こ、こんなにたくさん……」

第8章で述べた「毎月1000円を寄付してくれるサポーターを1000人集めるキャンペーン」もいよいよ最終日にさしかかろうという2019年4月。いざ達成しようというとき、私はその支援の輪の大きさに、改めて身震いしていた。

これまでのクラウドファンディングや募金キャンペーンもありがたかったが、「毎月1000円」の重さは比べものにならない。託された思いを胸に、「誰もが何度でもやり直せる社会」に向けて、さらに決意を新たにした。

アンドセンターの開所から約2年。

1000人超のサポーターにより継続的な運営が可能になったアンドセンターは、すでに大きな成果をあげはじめている。

たとえば、2019年度の相談者数は、746人。2018年度が通年で313人だったことを思えば、倍以上に増えている。

もちろん、これまで拾えていなかった声がこれだけあったとも言えるので、喜んでばかりもいられない。実際、平均年齢は40・1歳と若年齢化する傾向にある。また、女性の比率も21・6%と前年度より5%ほど上昇している。「はじめに」で述べた通り、ニーズの変化も肌で感じている。将来の需要も見越して大きな箱へと引っ越したはずのアンドセンターだが、すでに満床が続くようになっており、さらなる支援メニューをつくる必要にも気づかされた。

さらに2020年度は、新型コロナウイルスによる不況の影響やネットカフェ等の休業要請で相談者はさらに増えた。2020年4月だけで107人の相談があり、前年の2019年4月と比べると3倍近くも増えている。月間相談者数が100人を超えたのは初めてだ。行政の提供する施設は、大部屋での共同生活が主となるため、感染予防の観点からアンドセンターで提供する個室は非常に重宝した。これまでも訴えてきたことではあったが、行政の施設も個室化してもらえるよう、今後も働きかけていきたい。

そしてハブチャリ事業においては、徐々にポートも充実してきている。利用者も増えており、事業として軌道に乗ってきたと言っていいだろう。2018年より株式会社ドコモ・バイクシェアの開発するシステムを導入、相互乗り入れを開始し、無人での貸出・返却が可能となったことで容易にポートを増やすことができた。独立行政法人都市再生機構（UR都市機構）や西日本電信電話株式会社（NTT西日本）からも多くのポート提供もいただき、2020年現在、利用できるポートは200か所超となり、月に3万回以上の利用がある。

相互乗り入れにより自転車が電動のものに変わったが、バッテリー交換の業務なども発生し、おっちゃんの雇用を増やせるという嬉しい効果もあった。

こうして失敗から立ち直るルートを多様化していくことは、やがて働き方の多様化にもつながると見ている。挑戦することへの不安がなくなれば、みんなが自分なりの「働く意味」を追求できるようになるからだ。私自身の経験からも、おっちゃんたちの奮闘ぶりからも、「働く意味」は挑戦することで見つけられるものだ。

そして、ホームレス支援というホームドアの活動が、ゆくゆくは私たちみんなの挑戦を支える「人生の保険」として機能しはじめる、私はそう信じている。

そして、そんな事業を支えるホームドアのチームの足腰もずいぶん強くなってきた。

「私はいなくならないですよ」

と言ってくれた松本浩美は、本当にいなくなることなく、今も残って事務局長として活躍してくれている。私にとっては、時に厳しいアドバイスもくれるよき相談相手だ。

さらにアンドセンター開設にあたり、専門資格を有する相談員体制を強化し、今では正社員を10名抱える組織に成長した。また、病院の受診や生活保護の申請同行など、時間がかかってしまう対応については、相談ボランティア養成講座を受講し、テストに合格した方だけが認定される「相談ボランティア」の方々が担ってくれるのも心強い。今では、40名を超える相談ボランティアが活動している。そのほか、理事やアドバイザーから、アルバイトやボランティアも含めて、非常に頼りとなる仲間が増えている。

仲間を失うことを恐れて二の足を踏んでいた私は、もういない。


だが、チームが安定し、事業が順調な一方で、アンドセンターの開所により新たな課題も浮き彫りとなった。

個室で2週間無料で泊まれるというインパクトから、行政や他の支援団体からの相談、受け入れ要請も相次いだのだが、「はじめに」で述べた通り、「家を失う」に至る経路がますます多様化していることをひしひしと感じさせられている。

児童養護施設を退所せざるを得なかった18歳、19歳の若者が、一時的に泊まれる場所を探しているという相談。

LGBTへの偏見から、住まいも仕事も失ってしまったという相談。

DVから逃げてきた女性を一時的に宿泊させてほしいというDV支援団体からの相談。

難民申請者を一時的に受け入れてほしいという難民支援団体からの相談。

表層的にはホームレス問題、つまり家を失っている状態が課題であるが、根っこの部分には別の社会課題（雇用、生育環境、病気・障がいなど）が存在している。

複雑化するホームレス問題だが、この点だけを取ってみても、アンドセンターの重要性は増している。ひとまずゆっくり泊まって休んでもらえる「2週間」を提供できることが、強みとなっているのだ。

「はじめに」でも紹介した、32円を握りしめて自転車で4時間かけてきてくれた、私と同い年の女性。生育環境だけで私は支援する側、彼女は支援される側に分かれてしまったことがわかり、話を聞いていて、何度も辛い気持ちになった。

けれども、「まずはゆっくり休んでいいんだよ」と彼女に伝えられたこと。休んだあと、一緒にどうしていくか考えようと提案できたこと。目の前の彼女に対し、今できる精一杯のことをできたこと。それが、この10年間の成果なのかなと思った。

今後は、アンドセンターで〝救急病院〟的に家を失った人を短期で受け入れつつ、アセスメントを行った上で、心理的ケアや就労支援が更に必要な方には、じっくりゆっくり支援を届けられるように長期滞在型の施設も準備するなど、困窮状態に陥った根本要因にアプローチして再貧困化を防ぐ支援体制を構築していく必要があるだろう。

この点は、次の10年に向けての大きな課題だ。ホームレス問題は、他の社会課題とより密接に絡み合うようになってきており、ホームドア単独で解決することが不可能だと言えるほど複雑化が進んでいる。社会のセーフティネットたらんとするならば、私たち自身が変わりゆく社会課題に合わせて柔軟に変化し、成長を遂げなければならない。

だが、根本は変わらない。当事者たちの声に耳を澄まし、必要なことを提供すること。そうやって失敗しても安心して立ち直っていける社会をつくること。あの炊き出しの日から15年、これこそが私が見つけた「働く意味」だと今は確信している。

この先も、私はそのために生きていく。やっぱり、〝おっちゃん〟とともに。

2020年7月

川口加奈

14歳で"おっちゃん"と出会ってから、
15年考えつづけてやっと見つけた「働く意味」

2020年9月1日　第1刷発行
2024年8月29日　第2刷発行

著　者　川口加奈
発行所　ダイヤモンド社
〒150-8409　東京都渋谷区神宮前6-12-17
https://www.diamond.co.jp/
電話／03-5778-7233（編集）　03-5778-7240（販売）
ブックデザイン　鈴木千佳子
帯写真　三宅愛子（kiwi）
図　版　うちきばがんた
校　正　鷗来堂
製作進行　ダイヤモンド・グラフィック社
印　刷　勇進印刷（本文）・加藤文明社（カバー）
製　本　ブックアート
編集担当　廣畑達也

ISBN 978-4-478-11121-5

川口加奈

かわぐち・かな

認定NPO法人Homedoor(ホームドア)理事長

1991年、大阪府生まれ。14歳でホームレス問題に出合い、ホームレス襲撃事件の解決を目指し、炊き出しやワークショップなどの活動を開始。17歳で米国ボランティア親善大使に選ばれ、ワシントンD.C.での国際会議に参加する。高校卒業後は、ホームレス問題の研究が進む大阪市立大学経済学部に進学。19歳のとき、路上から脱出したいと思ったら誰もが脱出できる「選択肢」がある社会を目指してHomedoorを設立し、ホームレスの人の7割が得意とする自転車修理技術を活かしたシェアサイクルHUBchari（ハブチャリ）事業を開始。また2018年からは18部屋の個室型宿泊施設「アンドセンター」の運営を開始する。これまでに生活困窮者ら計2000名以上に就労支援や生活支援を提供している。世界経済フォーラム（通称・ダボス会議）のGlobal Shapersや日経WOMAN「ウーマン・オブ・ザ・イヤー2019」、フォーブス誌による日本を変える30歳未満の30人「30 UNDER 30 JAPAN」、青年版国民栄誉賞とされる日本青年会議所主催の「第31回 人間力大賞グランプリ・内閣総理大臣奨励賞」など、受賞多数。